神と仏のいる風景

社寺絵図を読み解く

歴博フォーラム

国立歴史民俗博物館【編】

山川出版社

▲「宇佐宮古図《うさぐうこず》」（１幅《ぷく》　応永年間〈15世紀初〉ごろ）　八幡神《はちまんしん》の根本社である宇佐神宮（大分県宇佐市）全域を描いた現存最古の絵図。大内氏による応永年間（1394～1428）の再興時に，盛時（平安時代後期）への復興をめざして制作されたと考えられる。南を上にしてほぼ中央に神宮寺の弥勒寺を大きく描き，左側に上宮と頓《とん》宮，四隅には同宮とともに八幡世界を形成している諸社を描いている。

▲「長谷寺境内図《はせでらけいだいず》」（１幅　寛永15〈1638〉年）　古くから観音信仰の長谷詣《もうで》が盛んに行われ，牡丹《ぼたん》や桜の名所としても知られた長谷寺（奈良県桜井市）の絵図。天文５（1536）年焼失後の復興のために描かれたものと思われる。舞台造の本堂とそこへ上る登廊《とうろう》が特徴的。地主神《じしゅしん》で鎮守《ちんじゅ》社《しゃ》の滝蔵社《たきのくらしゃ》，あとから鎮守社となった天満宮《てんまんぐう》，近世には再興されなかった十三重塔などもみえる。

▲「慧日寺《えにちじ》絵図」(１幅　南北朝時代ごろ)　平安時代初めに興福寺の僧徳一《とくいつ》が東国布教の拠点として開いた慧日寺(福島県耶麻《やま》郡磐梯《ばんだい》町)とその周辺を描いた絵図。中心伽藍《がらん》の本寺を大きく描き，周辺は約10km四方の関連する寺社を描いていて，右端上には磐梯山，下には猪苗代《いなわしろ》湖がみえる。制作当時の情景をかなり正確に写したものらしく，中心伽藍は発掘結果ともよくあう。すでに失われていた建物は礎石《そせき》で示されている。

◄「浅草《せんそう》寺《じ》年《とし》の市《いち》図」(１面　江戸時代末期)　大衆参《さん》詣《けい》が盛んな浅草寺(東京都台東《たいとう》区)で１年の最後に開かれる観音縁日(12月17・18日)はことに参詣者が多く，参拝のあと注連《しめ》縄をはじめ，正月用品を求めて屋台《やたい》見世《みせ》に群がった。賑いの喧騒《けんそう》が聞こえてくるような画面である。

▼「北野宮曼荼羅《きたのみやまんだら》」(模本，１幅　原図室町時代)　室町時代中ごろの北野社の景観，信仰や参詣風俗を知ることのできる絵図。多宝塔を大きく描くなど神仏習合《しゅうごう》の社殿のありさまをよく示している。本殿に束体《そくたい》天神を大きく描き，画面上辺には本地仏を配している。制作年代は近世にくだるとの説もある。

◄「山王宮曼荼羅《さんのうのみやまんだら》」(１幅　鎌倉時代末期)　比叡山《ひえいざん》東麓の日吉大社《ひえたいしゃ》(滋賀県大津市)を遠くから鳥瞰《ちょうかん》図的に描いた絵図。中央に神体山である八王子山を大きく描き，山麓に山王七社と摂社《せっしゃ》・末社群，上端に廿一社《にじゅういっしゃ》の本地仏などを描いていて，礼拝を目的として制作されたものではあるが，風景画的要素も多い。社殿は小さいながら細密に描かれていて，中世の状況がよくわかる。

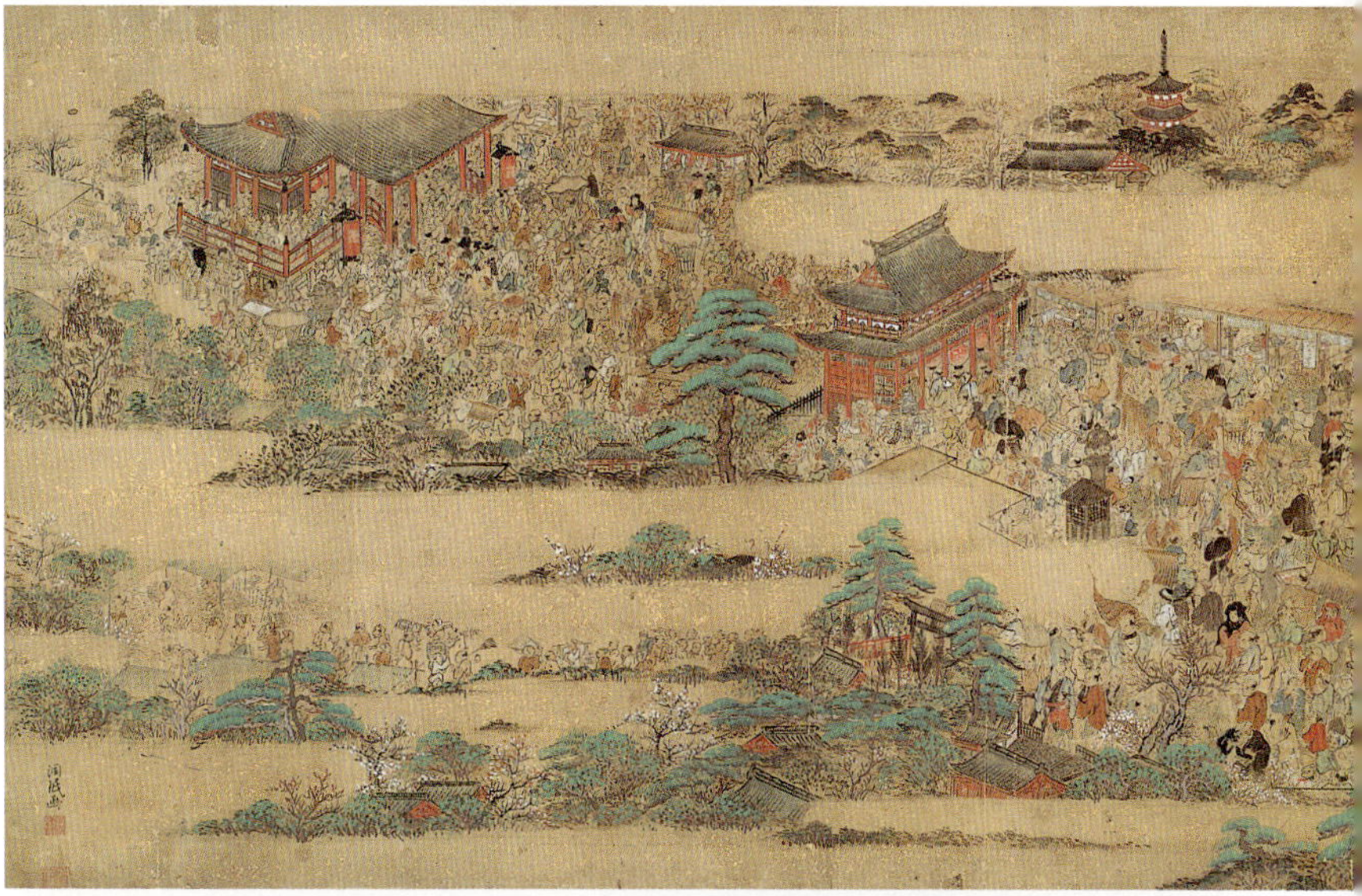

▲「花岡八幡宮《はなおかはちまんぐう》例祭巡幸絵馬《じゅんこうえま》」（1面　寛政9〈1797〉年）　花岡八幡宮（山口県下松《くだまつ》市）の祭礼を描いた，横幅が3.6mを超える巨大な絵馬。左上の神社から町へくだっていく巡幸の長い列には，神官と社僧が一緒に描かれていて，神仏習合《しゅうごう》時の祭礼の状況をよく示している。神社にみえる多宝塔《たほうとう》は，旧社坊の一つ閼伽井《あかい》坊の所属として神仏分離後も残されている。

►「阿波《あわ》国阿波郡絵図」（1鋪《ぽ》　天明3〈1783〉年）　四国東部を流れる吉野川中流の北岸に位置する蜂須賀《はちすか》藩領の阿波郡（現徳島県）全域の絵図。東西に吉野川（青色）と撫養《むや》街道（赤色）が通り，村境には墨線が引かれて，村名と主だった神社・寺院が記されている。

▲「南宮大社《なんぐうたいしゃ》古図」(１幅　江戸時代)　美濃《みの》国一宮《いちのみや》南宮神社(岐阜県不破《ふわ》郡垂井《たるい》町)を東から遠望した絵図。神宮寺《じんぐうじ》をともなう本社の周辺に関連の神社，背後には南宮山と中腹の奥《おく》社《しゃ》を描いている。建物の名称も記されていて，神仏習合時の状況がよくわかる。本地堂《ほんじどう》・三重塔・鐘楼《しょうろう》などは明治に分離され，約１km西方の真禅院《しんぜんいん》に移されて残っている。

刊行にあたって

歴博（国立歴史民俗博物館）では、二〇〇一年十月から十二月にかけて、「なにが分かるか、社寺境内図」と題した企画展を開催し、十月十三日にはフォーラム「神と仏のいる風景―社寺絵図を読み解く―」をおこないました。私が館長として赴任した最初の企画展であり最初のフォーラムでした。歴博は新しい資料学を唱え、また狭い意味の文献史学の制限をのりこえ、日本歴史にかかわる、自然科学も含めた学際的研究のなかから、二十一世紀の歴史学を創りあげようとの抱負をもった研究機関ですが、今回の企画展示とフォーラムは、その性格をよく反映したものだ、というのが、私の率直な印象でした。

私は近代の宗教政策に関心をもっているものですが、以前いくつかの大社の史料を調査した際、前近代史料のあまりの乏しさに驚いた経験があります。今回の豊富に調査された各地の神仏習合の境内図を見るなかで、その理由の一端を理解しました。前近代の種々の集団が纏まることで、はじめて維持・経営できていた社寺が、神仏分離によって、その基盤を完全に喪失してしまったようです。では、そのような神仏習合的な宗教観念が、具体的な観念の対象物を失うことによって、何がその空虚さを埋めていったのか、あるいはいかなかったのかは、近代宗教史の地味で、しかも興味深い論点になることでしょう。

ただし、今回の企画展示とフォーラムによって明らかになったのは、近代初頭の歴史的断絶だけではありません。非文献史料のなかから、前近代宗教史の流れを、いかにつかむのかという試みも随所でなされています。境内図のなかには、再興計画図や往古の復元図など、現実とは異なるものが存在するという指摘などは資料論的に重要な観点です。また神仏習合といっても、果して中世のそれと近世のそれを同一視できるのかといった問題提示、近世初頭の画期的な幕府・諸藩の社寺整備を、幕藩体制論のなかにどう組み込むのか、さらに元禄頃から顕著となる物見遊山的な性格が、民衆の宗教心と切断されていなかったとされる際の民衆宗教心の内在的理解の仕方、錦絵の社寺境内図に圧倒的影響を与えた『江戸名所図会』中の長谷川雪旦の挿絵の評価、そこでの出版文化における画像と文学との密接な関係など、関心ある人びとを魅了する学問的宝石がたくさんころがっているのです。

ただし、神葬祭運動も幕末期までは民衆的信仰解放運動の要素を濃厚にもっていたこと、この複眼的な視座をもちつつ、私なりに、幕末から近代初頭にかけての民衆の宗教意識の変化を実証的にやってみたい、と考えているところです。

二〇〇三年一月

国立歴史民俗博物館館長　宮地　正人

はじめに

神社や寺院の境内を描いた絵図すなわち社寺境内図《しゃじけいだいず》には、さまざまな意図をもって制作された、さまざまなものがあります。そこには、今では失われてしまった情報が数多く盛り込まれていて、建築史・美術史・宗教史・歴史地理学など幅広い分野における重要な研究資料となります。近年、絵画・絵図を広く歴史資料としてとらえようとする傾向が強まってきましたが、社寺境内図についてはまだまだ活用される範囲がせまく、それももっぱら中世以前に制作されたものが研究対象とされ、近世に制作されたものは一部を除いてあまり注目されずにきました。

国立歴史民俗博物館では、平成十一年度に博物館資料調査として社寺境内図を取りあげ、おもに近世に制作されたものを対象とした全国的な所在調査を実施しました。その成果をもとに、平成十三年度には「なにが分かるか、社寺境内図」と題した企画展示（十月二日〜十二月九日）を開催しました。その展示は、社寺境内図がもつ研究資料としての有効性を提示しようとしたもので、描かれた当時の社殿《しゃでん》・伽藍《がらん》の状況、神社・寺院の立地・環境、さらには信仰のあり方などが読みとれ、とりわけ明治の神仏分離で消滅した神仏習合《しんぶつしゅうごう》の姿をありありとみることができました。また、当時の人びとと神社・寺院との関わりをさぐり、それが現代人の社寺への参詣・観光などとどのようにつながっているのか、について考えることにもなりました。

その企画展示にあわせて、十月十三日に「神と仏のいる風景―社寺絵図を読み解く―」と題したフォーラム（第三十五回歴博フォーラム）を開催しました。フォーラムは宗教民俗学・近世史・歴史地理学・建築史・美術史の六人の研究者がそれぞれの立場から社寺境内図にかかわるテーマに基づいて報告を行い、それをうけて社寺境内図とはなにか、神・仏に対する信仰のあり方、神仏習合、現代人と神・仏などについて討論を行いました。本書はそれらをまとめ、社寺境内図に関する一文を加えたものです。社寺境内図の資料性をさぐり、かつての神仏習合を考えるうえで、少しでもお役に立てば幸いです。

二〇〇二年十一月

濱島　正士

神と仏のいる風景——社寺絵図を読み解く

目次

神と仏のいる風景——社寺絵図を読み解く

第一部

なにが分かるか、社寺境内図

社寺境内絵図について

濱島正士

社寺境内絵図とは

神社・寺院の境内《けいだい》を主に描いた絵図をいうが、「絵図」の定義はあまり明確でない。美術作品としての「絵画」とは少し違って、描かれた内容の資料性を重視するのが絵図である、ともいえるが、芸術的な表現性の高いものもあって、絵画と絵図を区分するのはむずかしい。一方、社寺境内絵図には、社殿《しゃでん》・伽藍《がらん》の各建物を立面図風あるいは鳥瞰図風に描いて地図状に配置するものが多く、これらと「地図」との区分もまたややこしくなる。

絵図を初めて本格的に取りあげて調査・研究を行い、その成果を展示にあらわしたのは京都国立博物館の特別展覧会「古絵図」（昭和四十三〈一九六八〉年）であった。その図録『古絵図』では、絵図を信仰絵図・経済絵図・建築絵図の三つに分類し、信仰絵図は礼拝の対象として制作された曼荼羅《まんだら》絵図・参詣曼荼羅絵図と、そうではない社寺境内絵図とに区分し、経済絵図には荘園《しょうえん》絵図類に加えて社寺領牓示《ぼうじ》絵図を含め、建築絵図は設計図類、としていて、制作目的による分類を行っている。

葛川絵図研究会の『絵図のコスモロジー』（昭和六十三年）では、取りあつかった絵図は一部でしかないとしながら、⑴場所や地域についての情報を登録するための絵図――差図・測量図・村絵図・国絵図などのほか寺社境内絵図・川絵図など、⑵多元的な場の原理をもった絵図――参詣曼荼羅絵図など、⑶いわゆる素描図――荘園絵図など、の三タイプに整理している。そして、制作目的・表現様式などを考慮した体系的分類は今後の課題であるとしている。

また、川村博忠は『近世絵図と測量術』（平成四〈一九九二〉年）で、絵図は絵画的手法によって地物を表現した地図のことで、これは江戸時代に作図技術の未発達をおぎなうべくとられた手法であるとしているが、これは地図の一種としての絵図に対する見方である。

そして、社寺境内絵図にかぎると、京都国立博物館の図録『社寺絵図とその文書』では、さきの『古絵図』の区分をうけて、その制作目的により、社寺曼荼羅図・社寺参詣曼荼羅図・社寺境内絵図・社寺牓示絵図・社寺建築指図に細分類している。

このように、絵図の定義・分類は現時点では明確にしがたいが、それはさておき、ここでは絵画的なもの・地図的なものも含めて、社寺の境内を主に描いた絵図を中心にみていくこととする。

社寺境内絵図にはどのようなものがあるか

社寺境内を描いた図としては、社殿・伽藍の景観描写図、曼荼羅的な礼拝画、領域を示す図、縁起《えんぎ》絵・高僧伝絵、風景画、都市図、地図的な図、建築指図などさまざまなものがあり、その体裁も掛幅・巻子・屏風・つなぎの一枚もの、一枚刷りなどがある。これらのなかには早くから知られ、美術作品として国宝・重要文化財に指定されているものもある。制作年代は中世以降であるが、画面の一部に社寺境内を描いたものも含めると、奈良時代の「額田《ぬかた》寺《でら》伽藍《がらん》並《ならびに》条里《じょうり》図《ず》」や平安時代の「高野《こうや》山四至《さんしいし》結界《けっかい》絵《え》図《ず》」（現存するのは南北《なんぼく》朝《ちょう》時代の写本）がある。

図１　「石清水八幡宮曼荼羅」（部分）

それらのうち、ここでは建築史学の立場から社殿・伽藍を詳細に描いた図について、制作目的および描写内容によって分類をしてみる。

現状の景観を描く

ある時期の実景を描写したとみられるもので、「高野山絵図」（重文、六曲一双、鎌倉時代）・「園城寺《おんじょうじ》境内絵図」（重文、五幅、鎌倉時代末）・「石清水《いわしみず》八幡宮曼荼羅」（根津美術館本、一幅、南北朝時代、図１）・「西大寺《さいだいじ》寺中曼荼羅」

（重文、一幅、室町時代末）・「薬師寺《やくしじ》絵図」（一幅、江戸時代）・「東大寺《とうだいじ》寺中寺外総絵図」（一幅、江戸時代）・「新海社《しんかいしゃ》古絵図面」（一鋪、江戸時代）・「南宮大社《なんぐうたいしゃ》古図」（一幅、江戸時代）などがある。「石清水八幡宮曼荼羅」（根津美術館本）は数ある同宮曼荼羅のうち、山上・山下の全建物をもっとも微細に描いていて風景画的要素もあり、礼拝対象にされたものであったとしても実景描写図とみるのが妥当であろう。

往古の情景を描く

失われた盛時のあるいは焼失前のありさまなどを復原的に描いたもので、「山王廿一社並末社《さんのうにじゅういっしゃならびにまっしゃ》八十七社絵図」（一八鋪、桃山時代）・「薬師寺絵図」（一幅、江戸時代、前出のものとは別）・「元興寺《がんごうじ》古図」（一幅、江戸時代）などがある。「山王廿一社並末社八十七社絵図」は、織田信長《おだのぶなが》の叡山《えいざん》焼打ちによって烏有に帰した日吉社《ひえしゃ》の焼失前の情景を描いた図で、再興をめざして制作されたものでもある。

信仰の対象として

礼拝するために描かれた曼荼羅図、縁起や霊験《れいげん》を説くために描かれた絵図などで、「春日社寺《かすがしゃじ》曼荼羅」（奈良博本、一幅、鎌倉時代、図2）・「山王宮《さんのうのみや》曼荼羅」（奈良博本、一幅、室町時代）・「薦社《こもしゃ》絵縁起」（三幅、江戸時代）・「立山《たてやま》曼荼羅」・「社寺参詣曼荼羅」などがある。

領域・聖域を表示する

寺社領や聖域を明示するために描かれた四至図・牓示図などで、「称名寺《しょうみょうじ》絵図」（重文、一幅、鎌倉時代）・「慧日寺《えにちじ》絵図」（一幅、南北朝時代）・「黄檗山《おうばくさん》絵図」（一幅、江戸時代）・「木幡山弁財天神図《こはたさんべんざいてんじん》」（一鋪、江戸時代）などがある。「慧日寺絵図」は領域の表示はないが、広い意味での聖域を示したものと思われる。このほかに、「高野山四至結界絵図」（重文、一巻、南北朝時代写）・「神護寺《じんごじ》寺領牓示絵図」（重文、一幅、鎌倉時代）などがよく知られているが、これらは描かれた範囲が広いため伽藍は簡略に描かれている。

図2　「春日社寺曼荼羅」

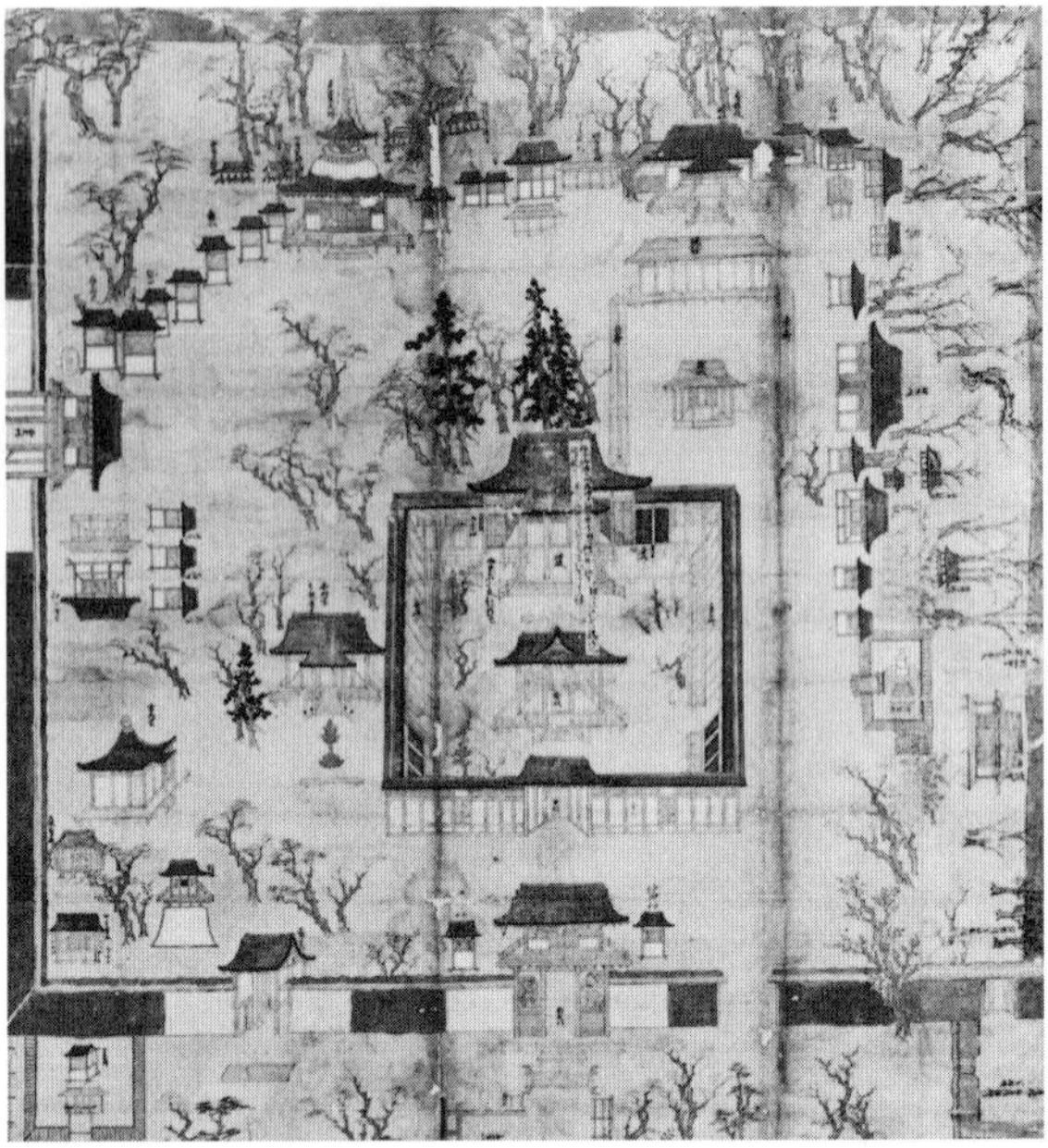

図3　「祇園社絵図」(部分)

造営に関連して

社殿・伽藍の建立・復興に際し、計画図または完成予想図として、あるいは完成した景観を描いたもので、「祇《ぎ》園社《おんしゃ》絵図」(重文、一幅、鎌倉時代、図3)・「宇佐宮《うさぐう》古図」(一幅、室町時代初め)・「三嶋大社《みしまたいしゃ》境内図」(六幅、桃山〜江戸時代)・「吉備津《きびつ》神社古図」(三幅、江戸時代)などがある。このうち、「宇佐宮古図」は再興をめざして盛時の姿を復原的に描いたものと思われるが、四隅に関連する神社を小さく描いており、宮曼荼羅的要素もあるとされている。

建物の情報を記録する

各建物の名称・大きさ・屋根葺材さらには由緒・沿革などを書き込んだもので、情報を伝えるためのものと思われる。「興福寺《こうふくじ》春日社境内絵図」(一幅、江戸時代)・「法隆寺《ほうりゅうじ》惣境内図」(一鋪、江戸時

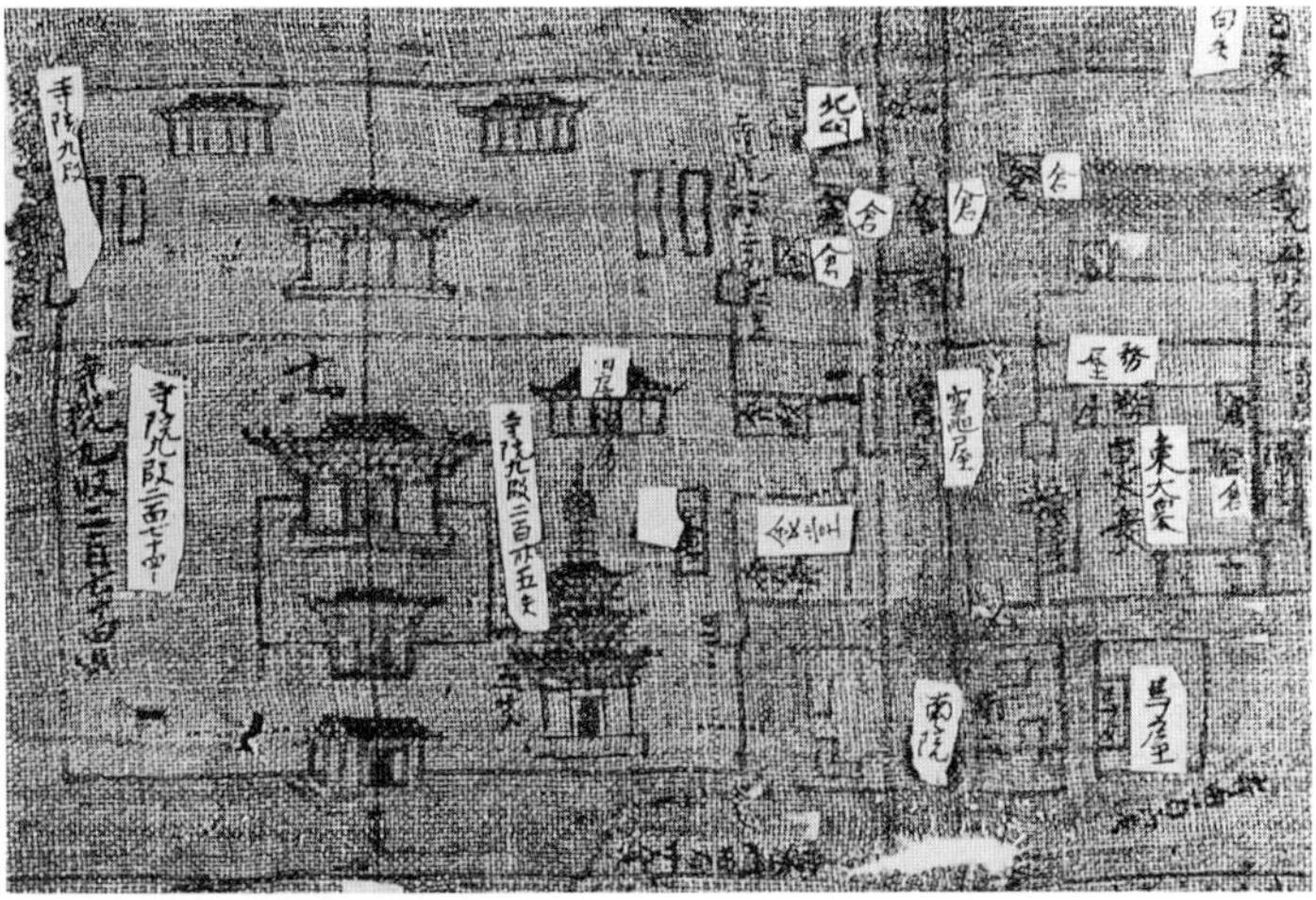

図4　「額田寺伽藍並条里図」（部分）

代）・「日吉神社古図」（一巻、江戸時代）・「伊勢和《いせわ》山中興《やまちゅうこう》図」（一幅、江戸時代）などがある。「伊勢和山中興図」は本堂再建の状況を工程を追って描いたもので、形式・規模の記録はなく、釿始《ちょうなはじめ》・居礎《いそ》・柱立《はしらたて》・棟上《むねあげ》などの年月日が記されている。

建築指図（配置図）

建立時の設計図で、各建物の外郭線だけを描いたもの、略平面《りゃくへいめん》を描いたもの、立面図を貼りつけたものなどがある。「東大寺講堂院図」（一鋪、奈良時代）・「宇佐宮上宮仮殿《じょうぐうかりでん》地判《ちはん》指図」（重文、一幅、鎌倉時代）・「東大寺戒壇院《かいだんいん》古図」（重文、一鋪、室町時代）・「鶴岡《つるがおか》八幡宮目論見《もくろみ》図」（重文、一幅、桃山時代）・「北野社堂社絵図」（一鋪、貼絵図、江戸時代）・「出雲《いずも》大社境内指図」（一鋪、江戸時代）・「妙覚寺《みょうがくじ》伽藍諸堂図」（一鋪、江戸時代）などである。このうち、「宇佐宮上宮仮殿地判指図」は式年造替《しきねんぞうたい》にそなえて宇佐宮の大大工職小山田《おやまだ》家に伝えられたもので、各建物の名称・規模だけでなく造営料を分担する地区名も記されていて、情報を伝えるためのものでもある。

このほか、荘園絵図や村絵図など地図の類にも一部に社寺の境内を描いたものが多い。「額田寺伽藍並条里図」（国宝、一鋪、奈良時代、図4）では額田寺の伽藍をかなり詳しく描いていて、そこだけを取りあげると最古の境内図ということができる。

以上のように、制作目的や内容が単一でないとみられるものもあって、単純に分けることはできない。

建物をどのように描くか

社殿・伽藍の建物個々の描写手法については、つぎのように分けられよう。

人の目線に立って描く

建物に正対して、軒を見上げ基壇を見下ろしたふうに描くもので、基壇は後方がすぼまっている。「額田寺伽藍並条里図」にみられる。この手法は「浄土変相図《じょうどへんそうず》」や「観経《かんぎょう》変相図」「宝楼閣《ほうろうかく》曼荼羅」などの仏画に用いられていて、中国伝来の手法と考えられる。社寺境内図ではほかにみかけないが、「春日社寺曼荼羅」の興福寺伽藍や「延暦《えんりゃく》寺《じ》根本《こんぽん》中堂《ちゅうどう》他造営図」（一鋪、江戸時代）では俯瞰的に（後者は斜めから）描いているのに軒裏をみせているのは、この手法の名残りであろうか。

斜め上から俯瞰的に描く

斜投影図式（画面での正面は水平、側面はゆるく立ちあがる）に描くもので、絵巻《えまき》や屏風絵《びょうぶえ》には古くから広く用いられた手法である。「高野山絵図」「園城寺絵図」「石清水八幡宮曼荼羅」「山王宮曼荼羅」「黄檗山絵図」「四天王寺《してんのうじ》・住吉大社《すみよしたいしゃ》図屏風」（サントリー美術館本、六曲一双、江戸時代）など広くみられる。このうち、「園城寺絵図」は俯瞰位置が高く、側面の立ちあがりが急になっている。

正面から俯瞰的に描く

正面を少し上から見おろしたふうに描くもので、基壇や縁・床は後方がすぼまった形になる。「祇園社絵図」「称名寺絵図」の中軸線上建物、「比叡山東塔《ひえいざんとうとう》絵図」「慧日寺絵図」などにみられ、「比叡山東塔絵図」では回廊も後方がすぼまって描かれていて、一点透視図風になる。「祇園社絵図」「称名寺絵図」では正立するだけでなく横向きや倒立した形で描かれた建物もあるが、これは中軸線を強調したものであろう。なお、「称名寺絵図」では中軸線上外の、「祇園社絵図」ではごく一部の建物が斜投影図式に描かれている。

また、「宇佐宮古図」では、弥勒寺《みろくじ》の塔八基と講堂・食堂は正面図式、ほかは斜投影図式に描かれていて、弥勒寺の中軸線上でも建物によって手法が異なる。正面図式の多宝塔は上層が横に膨らんだ独特の描き方で、平面が円形であることを強調している。

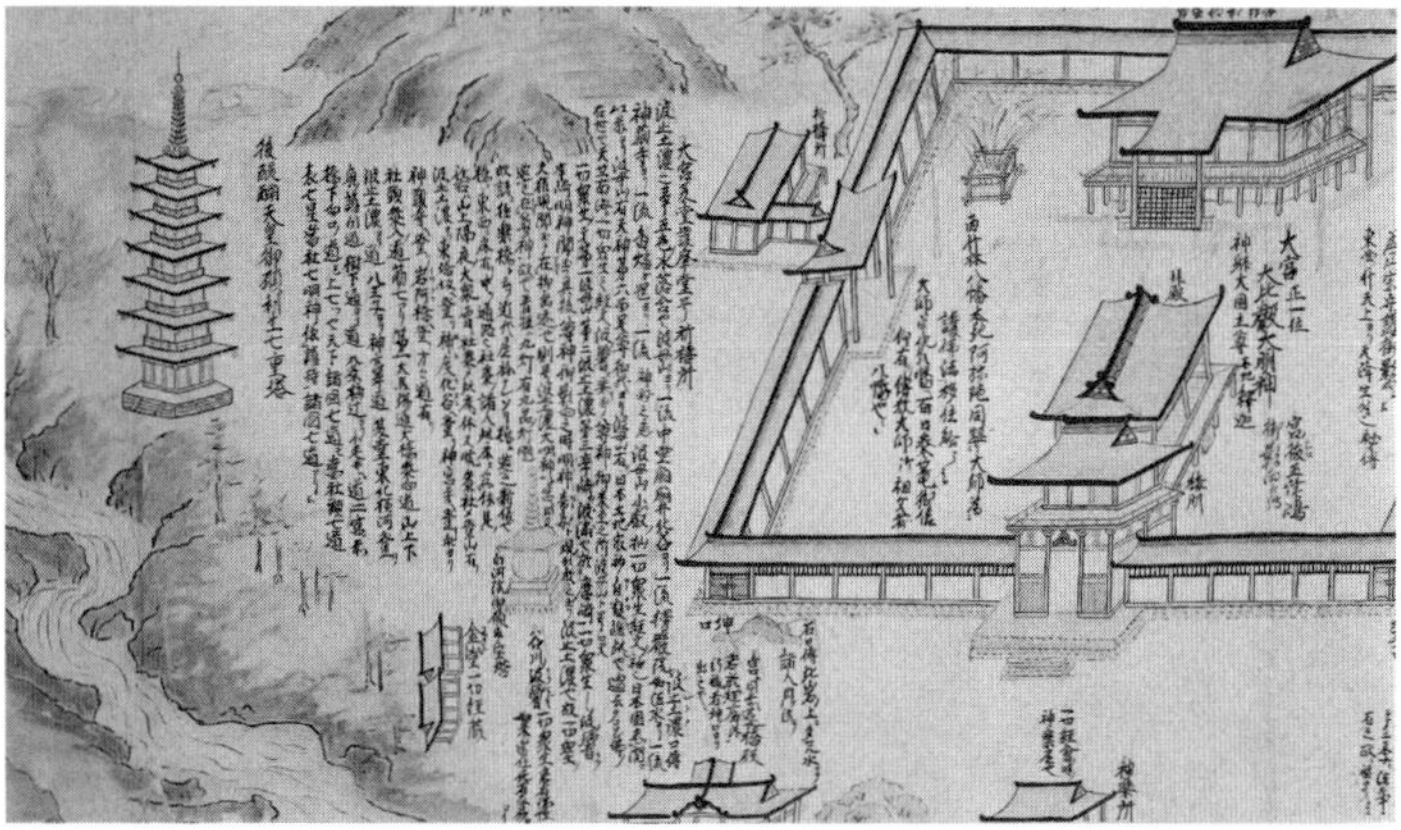

図5　「日吉山王秘密社参次第絵巻」（部分）

軸測投影図式に描く

斜投影図式では建物の正面（画面での）が水平になるが、建物の隅を中央において左右の面を斜めに立ちあげる描き方である。すべての建物をこの方式で描いているのは「浅草寺《せんそうじ》年《とし》の市《いち》図」（一面、江戸時代末）のほか、江戸時代後・末期の各名所図会《めいしょずえ》や一枚刷りの名所図に多くみられる。これらの図では左右の斜めにあがる角度が異なる場合が多い。「春日宮曼茶羅」（根津美術館本、一幅、鎌倉時代）では若宮の一郭が、「新海社古絵図面」では二棟の本殿のうち一棟と本地堂《ほんじどう》がこの方式で、ほかは正面図式と斜投影図式に描かれている。また、「山王社秘密曼茶羅」（延暦寺本、一幅、室町時代）や「日吉山王秘密社参次第絵巻」（一巻、桃山時代、図5）では塔だけが軸測投影図式（ほかは斜投影図式）に描かれているが、四面が同じである塔だけを軸測投影図式としたものは、ほかにも「洛中洛外図《らくちゅうらくがいず》」などにみられる。なお、『桑実寺《くわのみでら》縁起絵巻』（重文、六巻、室町時代）は斜投影図式と軸測投影図式とで描かれており、軸測投影図式のほうが多い。これら室町時代の軸測投影図式は左右の立ちあがる斜角が同じであるらしい。

その他の手法

前述したように、正面図式では基壇や縁・床が一点透視図式に描かれるのが普通であり、左右に建物が前後方向にならぶ場合や回廊、あるいは吹抜け方式の室内なども中央に視点をおいて透視図式に描かれたものがある。遠近感をだすための西洋式の透視図法は江戸時代中期になって円山応挙《まるやまおうきょ》らによってはじめられ、「浮絵《うきえ》」として浮世絵の名所絵に用いられて流行するが、日本でも「額安寺《がくあんじ》並条里図」や『年中行事絵巻』（平安時代末）など古くから、奥行をだすため、あるいは中心性を強調するために透視図法に似た手法が用いられていた。

また、「法隆寺物境内図」など江戸時代の絵図では、正面図式でありながら、入母屋《いりもや》造・切妻《きりつま》造の屋根については側面の妻の片方をあわせて描いているものがある。

社寺境内絵図からなにがわかるか

それでは、社寺境内絵図にはどのような情報が盛り込まれているのか、なにを読みとくことができるのかを、企画展示の構成に基づいて簡単に述べてみよう。

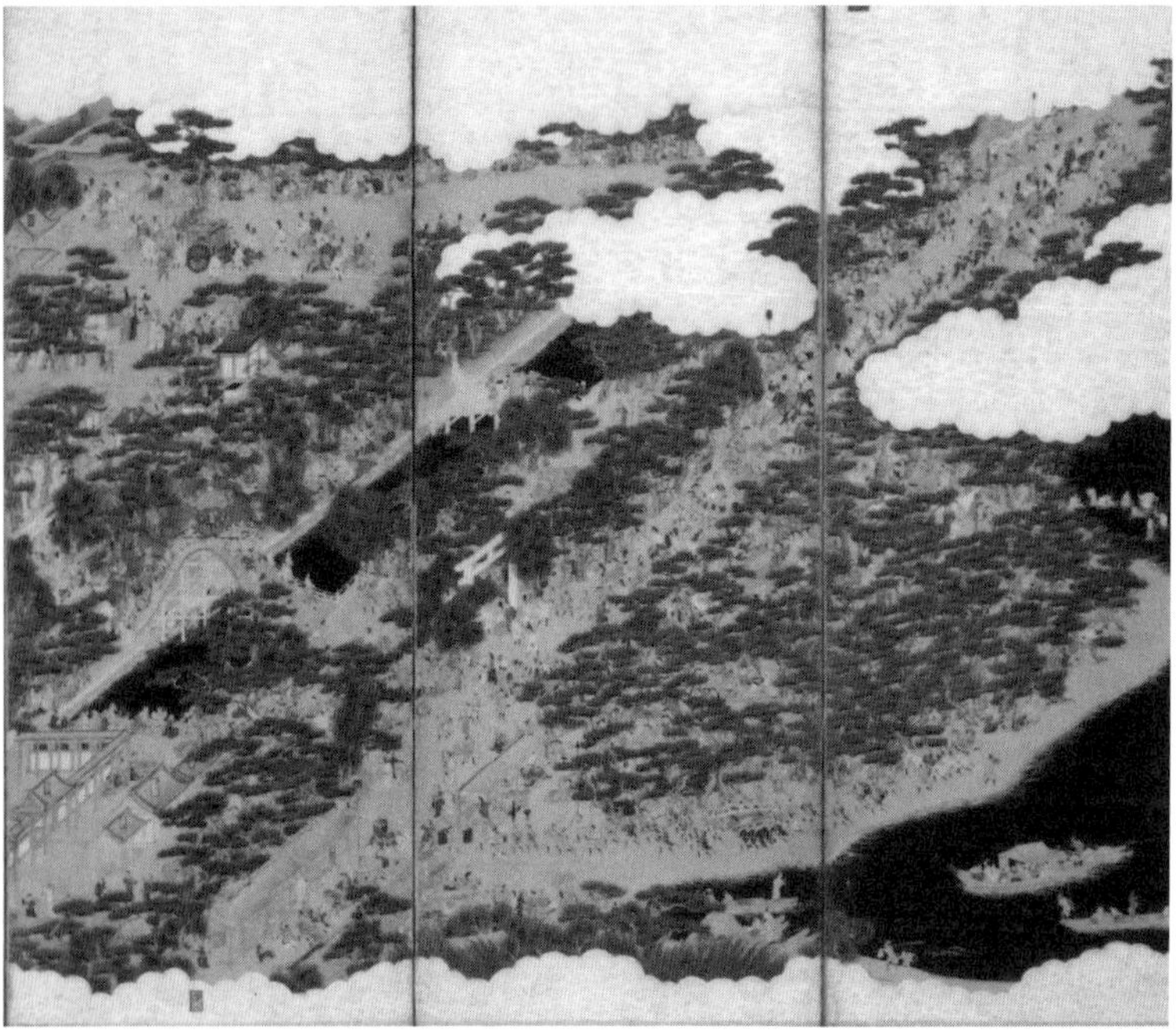

描かれ続けた八幡宇佐宮

八幡神発祥の地豊前《ぶぜん》の宇佐宮と関連の神社には、中世から近世にかけて描かれた数多くの多様な絵図がある。それらをとおして、社寺境内図の制作目的や種類・形態をみることができる。

描かれた聖域

高僧徳一《とくいつ》が東国《とうごく》における仏教布教の拠点として平安時代初めに開いた会津《あいづ》の慧日寺。そこに伝わる中世の絵図には慧日寺伽藍を中心に約一〇キロ四方が描かれていて、今では失われた伽藍だけでなく、周辺の立地環境やかつての勢力範囲を知ることができる。

図6　「四天王寺・住吉大社図屛風」(右隻，住吉大社)

屛風に描かれた社寺(1)

信濃《しなの》諏訪《すわ》社《しゃ》の上社《かみ》と下社《しも》、四天王寺と住吉大社、厳島《いつくしま》と和歌浦《わかのうら》をそれぞれ一双に描いた江戸時代の屛風には門前の景観もあわせて多くの参詣者をうつしていて、当時の人びとの有名社寺への関わりを読みとることができる。あわせて、諏訪社・住吉大社の失われた神宮寺の伽藍もわかる。

社殿再興のもくろみ

焼失したり大破したりした社殿・伽藍の再興をめざして描かれた絵図からは、往古の状況、再興の計画などが知られる。近江《おうみ》の日吉社、備後《びんご》一宮《いちのみや》の吉備津神社には近世再興時の絵図が各数点残されていて、当時の再興の意図が読みとれる。

社殿の変遷

伊豆《いず》の三嶋大社には近世における六度の造営時の絵図が残されているが、それぞれ社殿の配置、各建物の構造形式などが異なる。描かれた内容は詳細であり、乏しい文献史料とあわせて社殿の変遷をたどることができる。

神と仏の習合

奈良時代にはじまった神仏習合《しんぶつしゅうごう》は日本宗教の特質であり、社殿・伽藍にも明確にあらわれていたが、明治の神仏分離・廃仏毀釈《はいぶつきしゃく》により現在ではほとんどみることができない。中・近世の絵図は当時の神仏習合の景観を如実にうつしていて、神社と寺院の多様な習合関係を知ることができる。

神社にたてられた仏塔

神仏習合によって神社にも神宮寺《じんぐうじ》あるいは本地堂・塔・鐘楼《しょうろう》などの仏寺建築がたてられたが、そのほとんどは明治の神仏分離で取りはらわれた。かろうじて撤去をまぬがれて塔が残る神社について、現状と絵図を比較して往時の社殿配置を検討することができる。あわせて文献史料の助けを借りて撤去をまぬがれた理由をさぐる。

神仏習合社殿の景観

京都の北野天満宮については、境内図や建地割図《たてじわり》のほか取りのぞかれた仏寺建築や仏具なども一部残されていて、江戸時代における神仏習合の状況を正確に復原することが可能である。それを模型にすることで、神仏習合の社殿・堂塔の景観を視覚的・立体的に把握できる。

屏風に描かれた社寺(2)

「洛中洛外図屏風」や「尾道安永屏風」（六曲一隻、江戸時代）などの都市図には、多くの神社・寺院が名所としてとらえられて描かれており、都市における社寺のあり方、当時の人びとの社寺に対する意識がうかがえる。

門前の賑い

「長崎諏訪神社祭礼図屏風」（六曲一隻、江戸時代）や「浅草寺年の市図」には、大勢の民衆が集いにぎわっている情景が描かれていて、祭礼や年中行事をとおして有名社寺と当時の人びととのつながりを読みとくことができる。そこには、現代人の有名社寺に対する意識と重なるところもあると思われる。

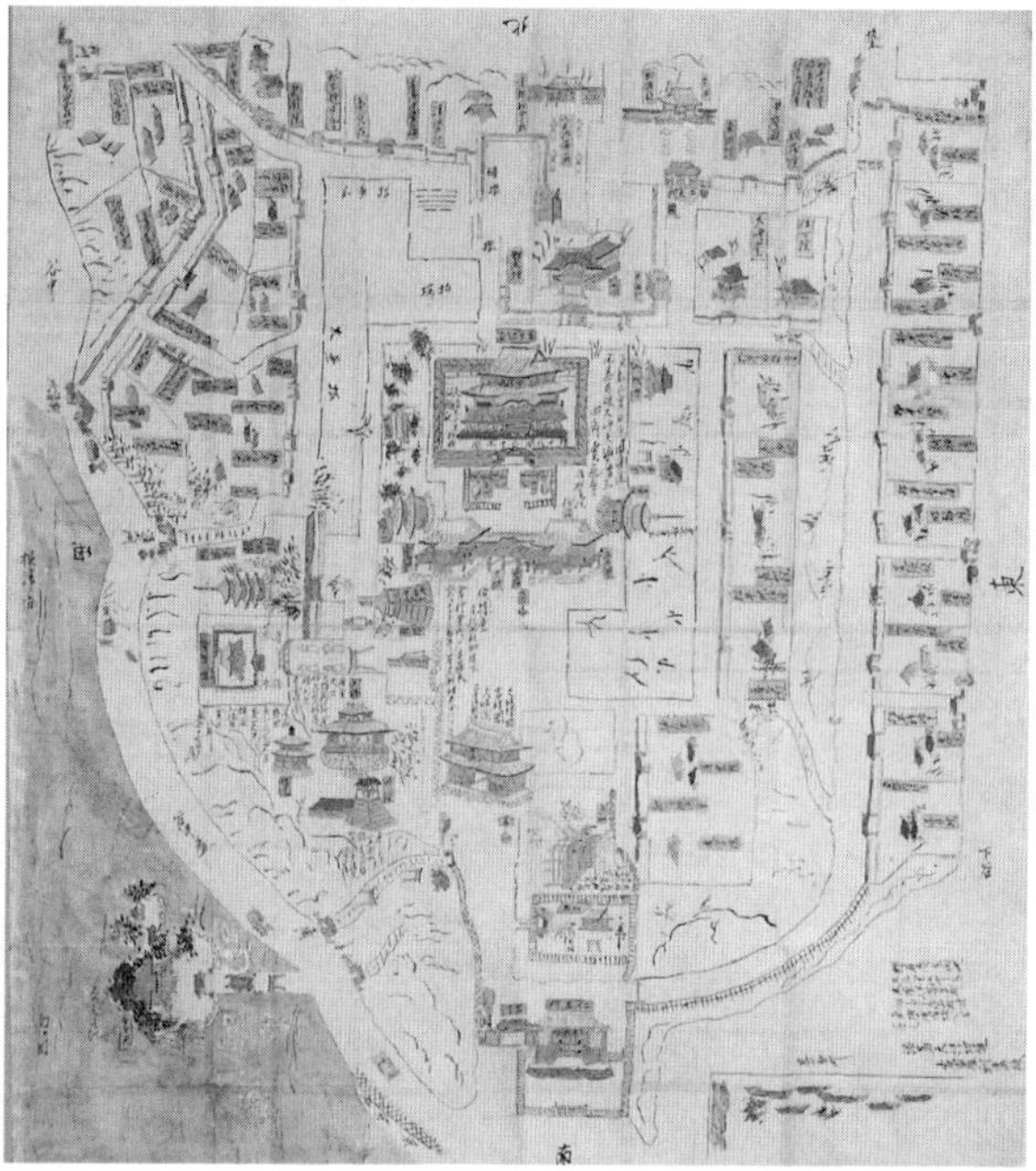

図7　「東叡山寛永寺地図」

村のなかの社や寺

「阿波《あわ》国川田《かわだ》村絵図」（三鋪、江戸時代）には神社・寺院のほかに路傍の小祠や辻堂が数多く描かれていて、近世における村人たちの生活には神や仏が密接に結びついていたことがうかがえる。一方、四国《しこく》霊場《れいじょう》札所《ふだしょ》の絵図では、各地から集まる巡礼者と寺院の関係が現代にもつながっていることがわかる。

霊山の参詣

高い山はかつて霊山としてあがめられ、信仰のための参詣登山が行われてきた。越中《えっちゅう》立山もその一つで、江戸時代から明治にかけて数多く制作された「立山曼荼羅」は、参詣登山がどのように行われたのかを物語っている。現代のスポーツ登山でも、立山では往時の名残りを感じとることができる。

霊廟のある境内

近世には将軍や大名などの権力者をまつる霊廟《れいびょう》がそれぞれの菩提寺《ぼだいじ》にたてられた。江戸寛永寺《かんえいじ》（図7）や熊本妙解寺《みょうげじ》の絵図には、それぞれ将軍家と細川家の歴代の霊廟が描かれていて、現在ではほとんど失われた往時の姿を復原的にみることができる。

社寺境内絵図の作者は

社寺境内絵図については、作者の知られる作品はきわめて少ないようである。「高野山絵図」「比叡山東塔絵図」「石清水八幡宮曼荼羅」「山王宮曼荼羅」など大和絵《やまとえ》風の風景画的要素をもつものもあるが、作者はわからない。典型的な社寺境内図の代表作といえる「祇園社絵図」には「大絵師法眼隆円《りゅうえん》」の裏書があり、祇園社絵所の絵師によって描かれたことがわかる稀有の例であろう。この「祇園社絵図」にしても「高野山絵図」「比叡山東塔絵図」「石清水八幡宮曼荼羅」「山王宮曼荼羅」などにしても、中世の作品は建物の描き方がしっかりしていてかなり正確である。社寺境内を詳細に描くとされている、法眼円伊《えんい》らによる『一遍聖絵《いっぺんひじりえ》』とくらべて遜色はなく、しかるべき絵師の手になったであろうことが推測される。ただし、中世の作品でも「西大寺寺中曼荼羅」は、建物の描写に関するかぎり写実性に欠け、納まりが悪い。

一方、近世の「新海社古絵図面」などは建物の描き方が稚拙であり、中央の絵師ではなく地方の職人的な絵師によるものではないかと思われる。地方的・庶民的であり、風俗画的要素もあるとされる社寺参詣曼荼羅は作者がほとんど知られていないようであるが、地方の社寺境内絵図はそれと似たところがあるように思われる。近世の絵図で作者が知られる例としては、「京都書生森幸安」による「北野天満宮地図」がある。大坂天満宮・大宰府天満宮と三鋪対で制作されたものというが、森幸安は美術的な作品を描く絵師ではなく、職人的な絵師なのであろう。なお、江戸時代後・末期に流行した摺物《すりもの》の名所絵や社寺境内図は浮世絵師《うきよえし》が描いたものであり、作者が知られるものがある。

参考文献

大分県立宇佐風土記の丘歴史民俗資料館編『寺社絵の世界』（一九九五年）。
大阪市立博物館編『社寺参詣曼荼羅』（平凡社、一九八七年）。
大阪市立博物館編『描かれた聖域と名所』（一九九八年）。
葛川絵図研究会編『絵図のコスモロジー上・下』（地人書房、一九八八年）。
川村博忠『近世絵図と測量術』（古今書院、一九九二年）。
京都国立博物館編『古絵図』（一九六八年）。
京都国立博物館編『社寺絵図とその文書』（一九八五年）。
国立歴史民俗博物館編『古図に見る日本の建築』（至文堂、一九八九年）。
国立歴史民俗博物館編『社寺境内図資料集成1・2』（二〇〇〇・〇一年）。
国立歴史民俗博物館編『なにが分かるか、社寺境内図』（二〇〇一年）。
難波田徹ほか編『神社古図集　続編』（臨川書店、一九九〇年）。
福山敏男編『神社古図集』（日本電報通信社、一九四二年）。

描かれた八幡祭祀の世界

段上達雄

はじめに――八幡神とは

今日、お話ししたいと思っているのは八幡宇佐宮《はちまんうさぐう》についてである。この八幡宇佐宮、現在は宇佐神宮というが、ここは全国八幡社の始まりであるという由緒ある神社である。この八幡社という神社は全国に四万社ほどあるといわれている。ハチマンの約半分ほどというわけだが、それでも日本人にとってもっともポピュラーな神社であるといえる。そんなに身近に存在する神社であるにもかかわらず、八幡神は『古事記《こじき》』や『日本書紀《にほんしょき》』などの記紀《きき》神話に登場してこないという不思議な神さまである。天平九（七三七）年の『続日本紀《しょくにほんぎ》』の記事のなかで、新羅《しらぎ》の無礼を主要諸社に告げるという部分で、伊勢《いせ》神宮などとともに書かれているのが、正史での初出である。続いて天平十二（七四〇）年の藤原《ふじわら》広嗣《ひろつぐ》の乱において、朝廷《ちょうてい》から平定祈願をうけたと記されている。次第に八幡神は応神《おうじん》天皇の霊、すなわち天皇家の祖先神として認識されるようになる。同時に西方の守護神、境界神、外交神として古代国家から篤い尊崇をうけるようになったのである。奈良時代に突然出現する八幡神。そういう点では、この八幡さまというのは一体何者であろうか、というのが今までの研究史の中核でもあった。

八幡神は奈良時代にはすでに仏教と密接な関係をもつようになっていた。『八幡宇佐宮御託宣集《ごたくせんしゅう》』という鎌倉時代にまとめられた文献のなかに、神亀二（七二五）年に、現在宇佐神宮上宮《じょうぐう》が鎮座する小倉山《おぐらやま》の頂に、一の御殿とよばれる社殿が建立され、その東方の日足の地に勝恩寺《しょうおんじ》と弥勒禅院《みろくぜんいん》が建てられたと記されている。この二つの寺院が宇佐宮の神宮寺《じんぐうじ》の始まりであると考えられている。天平十（七三八）年には、この二つの寺院は統合され、小倉山の西方に弥勒寺とよばれる大きな伽藍《がらん》をもつ寺院がたてられて、本格的な神宮寺として活動をはじめる。そして天平神護二（七六六）年には比《ひ》賣《め》神宮寺（中津尾寺）が建てられる。このように宇佐宮は全国の神社にさきがけて神仏習合《しんぶつしゅうごう》をなしとげたのである。

『八幡宇佐宮御託宣集』に、八幡神は欽明《きんめい》天皇の時代に出現したという一節がある。これを古いとみるか新しいとみるかは問題だが、新しい分だけ、仏教がすんなりはいりこむ要素があったということである。それは宇佐が豊前《ぶぜん》国にあるという立地とも関わりがある。その地がちょうど瀬戸内海の西端に位置するため、畿内《きない》の政権と密接な関わりをもって、九州における橋頭堡《きょうとうほ》的な役割をはたしていた。また、朝鮮半島からの渡来人が早い段階から定着した土地であるといわれている。奈良時代、宇佐に法蓮《ほうれん》というお坊さんが登場するが、この人は『続日本紀』という正史に記載されたマジカルドクターである。巫術《ふじゅつ》をもって病気を治したというが、この法蓮というお坊さんは八幡宇佐宮の活動に大きな影響をあたえた。

このフォーラムのパンフレットの表紙は八幡宇佐宮の境内図《けいだいず》である。室町時代の応永年間《おうえい》（一三九四～一四二八）に描かれたと伝えられている絵図だが、真ん中に一本縦になにも描かれていない部分がある。ここは馬場で、右側が弥勒寺という寺院、左上に八幡宇佐宮の上宮、そして左下には頓宮《かりみや》といって式年造替《しきねんぞうたい》のときにたてられる御仮屋が描かれている。この絵図をみると、境内のなかにかなりの割合で寺院が占めている状況に気がつく。

宇佐宮境内にあった弥勒寺は宇佐宮と表裏一体の関係でありながら、独自の荘園《しょうえん》をもつようになる。天平勝宝元（七四九）年には弥勒寺に墾田《こんでん》一〇〇町が献納されたと伝えられ、奈良時代の末期から平安時代初頭には封戸《ふこ》二三〇戸が施入されている。これらは弥勒寺領荘園の竈《かまど》荘と国東《くにさき》半島の浦部《うらべ》十五荘となり、平安時代にはしだいに荘園をふやしていく。平安時代の中頃には石清水《いわしみず》八幡宮を本家《ほんけ》職にあおぐようになり、経済的には宇佐宮からしだいに独立していくが、鎌倉時代以降には再び宇佐宮と一体化して運営されるようになる。

平安時代には八幡宇佐宮は九州では最大の荘園領主となっていた。それには当時の朝廷のバックアップが大きくあったと考えなければならない。そのため、鎮西《ちんぜい》において非常に力の大きな神社として活動できたのである。

宇佐宮上宮仮殿地判指図

その時代の様相は「宇佐宮上宮仮殿地判指図《かりでんちはんさしず》」（次頁図1参照）にみることができる。宇佐宮は三三

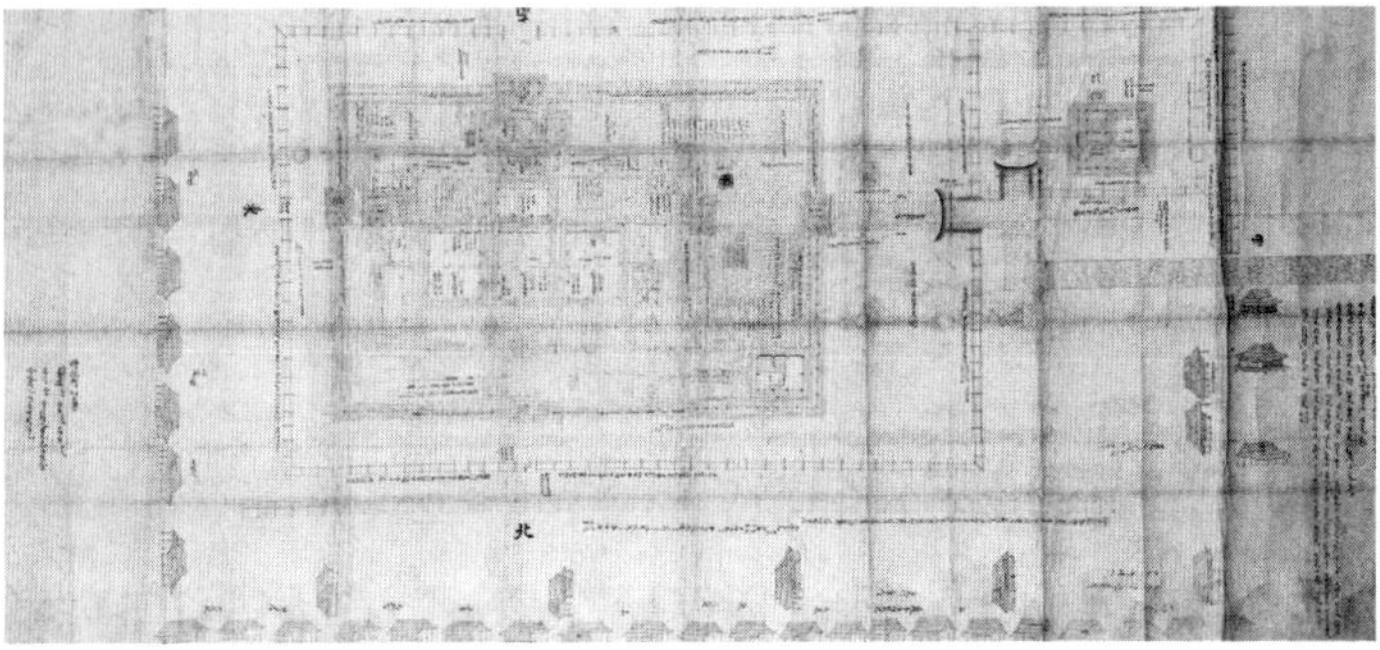

図１　「宇佐宮上宮仮殿地判指図」

年ごとに式年造替をしており、その始まりは元慶四（八八〇）年であるといわれている。式年造替のときには、上宮も外宮《げぐう》も正殿《せいでん》と同一形式の仮殿が頓宮に建てられることになっていた。

この「宇佐宮上宮仮殿地判指図」は上宮の仮殿の設計図ともいえるもので、仮殿の平面が柱と柱間《はしらま》の線で一〇〇分の一の縮尺で正確に描かれている。その周囲には、垣根の外に木屋と書かれた木工場や行事所が投影図の絵のように描かれている。また、それぞれの建物には、建てるときの造営料を負担する郡・郷・庄・保という地域の名と建物の規模が書き込まれている。三三年ごとの式年造替において、大宰府《だざいふ》が指揮して九州各地の荘園や国衙《こくが》領に宇佐宮仮殿の造営料の分担を決めて拠出させていたのである。これは八幡宇佐宮が「私」の神社ではなく、いわゆる「公」の神社であったことを物語っている。この指図は、文治《ぶんじ》年間（一一八五〜九〇）につくられたものを鎌倉時代の終わりに描きうつしたものであると考えられている。平安時代に隆盛を誇った宇佐宮は、鎌倉期には武士の勃興によって、その勢力をしだいに衰退させていく。そのため、鎌倉時代末期には、恒例的な勅使派遣であった宇佐使を始め、さまざまな儀礼が中断するとともに、式年造替も断絶してしまう。

現在、この指図は宇佐神宮の所有になっているが、本来は小山田《おやまだ》家という八幡宇佐宮の社家に伝わったものだという。この小山田家は八幡宇佐宮をささえた三つの氏族、宇佐氏、大神《おおみわ》氏、辛嶋《からしま》氏のうち、大神氏の中心となる家柄で、大大工職といって、宇佐宮の建物の造立などの差配をする役割をもった家であった。

宇佐神宮には境内図など十数点の絵図が残されているが、そのような絵図は宇佐宮自体で伝えられることは少なく、社家に相伝されたり、行政文書として残されてきた。宇佐神宮関係の文書や絵図はたくさん残されているが、その多くは社家に伝えられてきたものである。小山田家のように、大大工職を代々やっていると、どうしても建物の図面や神社のありさまを絵にしたものをもっている必要があった。それ自体が一種のステータスと

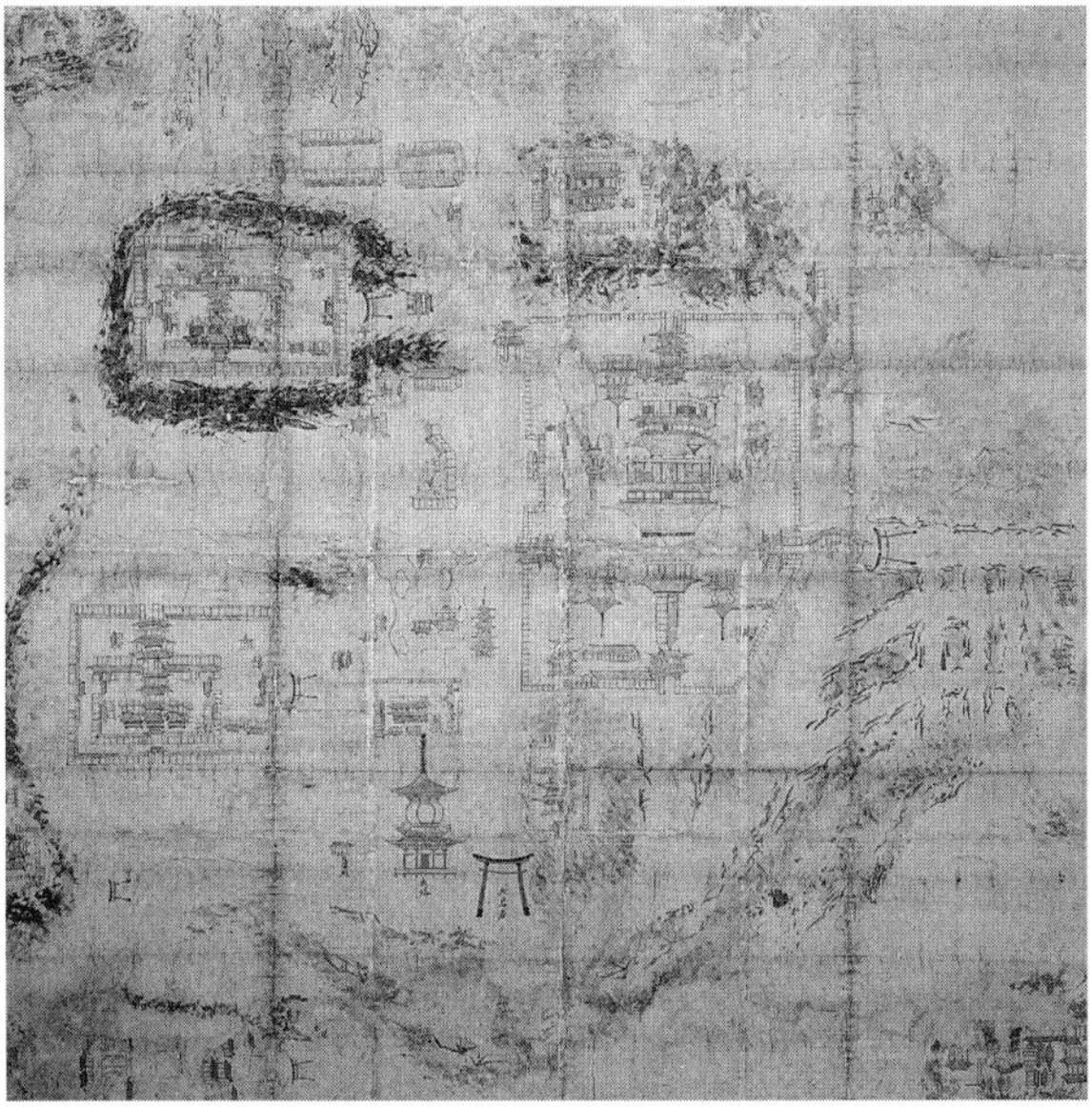

図２　「宇佐宮古図」

して役立つわけだが、絵図や文書を「家」が伝えてきたことは重要であろうと思われる。寺院では寺院自体で絵図などを伝えることが多いと思われるが、神社では社家に伝えられる場合が多いようである。いろいろな事情があると思うが、史料の残り方を考えるうえで興味のある問題だといえる。

八幡神は欽明天皇の時代に出現したといったが、この小山田家の先祖である大神比義《ひぎ》という人物が最初に八幡神をまつるわけで、そういう点で非常に古い家が今も残っているといえる。たとえば、宇佐に「宇佐風土記《ふどき》の丘」という歴史公園があって、六基の前方後円墳《ぜんぽうこうえんふん》が保護されている。昭和五十六(一九八一)年にこの宇佐風土記の丘を開園するとき、宇佐神宮の到津《いとうづ》宮司が神職さんを多数引きつれてやってきた。到津さんは宇佐氏の直系の子孫にあたる方であるが、到津さんはこれから先祖祭りを行うという。どこで先祖祭りをするのかとたずねたら、なんと四世紀の古墳である赤塚古墳《あかつかこふん》の前で祭りをするというのである。これは私の先祖の墓だからといって先祖祭りをはじめたのである。これには私たちもびっくりした。古墳時代から続く家柄であるという伝承を今なおもっている家がある。そういう場所が宇佐というところである。

八幡宇佐宮の神仏習合

さて、八幡宇佐宮での神仏習合ということを考えていくと、さきほど述べたように法蓮という僧侶が大きな役割をはたしている。また、法蓮は宇佐宮の形成にも大きく寄与している。宇佐宮の近くに虚空蔵寺《こくうぞうじ》や法鏡寺《ほうきょうじ》などの古代寺院跡が残されている。なかでも虚空蔵寺廃寺跡は法隆寺《ほうりゅうじ》式の伽藍配置をもち、法隆寺系の軒丸瓦《のきまるがわら》と飛鳥《あすか》の川原寺《かわらでら》系の軒平瓦《のきひらがわら》、それに奈良の南法華寺《みなみほっけじ》（壺阪寺《つぼさかでら》）と同じ型でつくった塼仏《せんぶつ》などが出土しており、近畿地方の影響の強い寺院跡である。当時、豊前地方のほとんどの寺院が、百済《くだら》や新羅などの朝鮮系の軒先瓦を使用していることを考えると、中央と直結した寺院であるといえる。『八幡宇佐宮御託宣集』には「法蓮和尚は山本（虚空蔵寺跡のある地）に於いて虚空蔵菩薩を崇め奉る」とあり、この虚空蔵寺をたてたのは法蓮であると考えられているのである。

八幡神がからむ歴史上もっとも有名な事件に道鏡《どうきょう》事件があるが、その前提になるのが東大寺《とうだいじ》の大仏造立と八幡神の上京である。

『八幡宇佐宮御託宣集』によれば、聖武《しょうむ》天皇が大仏建立を志したとき、八幡神は「天の神、地の神を率いて（大仏建立を）なしとげましょう、そして銅の湯を水のようにして、わが身を草木や土に交えて障害を排除しましょう」というような意味の託宣をくだしたという。その結果、八幡神が奈良に勧請されて東大寺の守護神となり、現在の手向山《たむけやま》八幡宮になったのである。この時期、仏教によって八幡神自身が救われると同時に八幡神が仏教をまもるという立場になっていくのである。

八幡宇佐宮はこのように由緒ある古い神社であるが、二つの大きな祭りがあった。一つは「放生会《ほうじょうえ》」であり、もう一つは「行幸会《ぎょうこうえ》」という祭りである。

放生会というと、八幡宮独得の行事だと考えられているが、じつは天武《てんむ》朝から奈良時代にかけて朝廷が生き物を放つ「放生」を命じているという記事が正史のなかで散見される。天皇が病気であったり、なにか悪いことがおこったり、天変地異が生じたりしたときに放生が行われていたのである。そういう国家による祓《はら》えの儀式が、八幡宮の神社祭祀のなかに取り込まれて放生会になったと考えている。

宇佐宮の放生会が創設される契機となったのは、養老四（七二〇）年の大隅日向《おおすみひゅうが》の隼人《はやと》の乱であった。その鎮圧のために豊前国でも軍隊が組織化される。そして、豊前国の軍隊の従軍神として八幡神が法蓮和尚とともに大隅国と日向国にむかった。隼人たちは七カ所の城に立て籠もり、徹底抗戦をした。攻めあぐねた政府軍は、傀儡子舞《くぐつまい》を演じて、そのおもしろさに誘われて城をでてきた隼人たちを攻撃して降伏させたという。しかし、その後、宇佐地方は病気の流行と凶作に見舞われ、これは隼人の祟りであると信じられた。また、八幡神も戦争での殺生の罪に苦しむようになったという。そのため、仏の力を借りて隼人の霊を鎮魂する放生会がはじまったと伝える。

和間浜放生会法用場荘厳幷仮屋形絵図

その放生会の祭りの場として、宇佐宮では和間《わま》の浜《はま》が用いられた。「和間浜放生会法用場荘厳幷仮屋形絵図」（次頁参照）には、その祭祀の場の様子が描かれている。これは応永年間（一三九四〜一四二八）、大内盛見《おおうちもりはる》という周防国守《すおうこくしゅ》が豊前国まで勢力を伸ばしたときに、宇佐宮の復興を企てたときの絵図である。社殿の復興とともに祭りの復活も行ったのである。これは、その「応永」の放生会の祭りの場を描いた図面であり、小山田家に伝えられているものである。大大工職をしていた小山田家が、このような仮設に近い祭りの場まで、なんらかの関与をしていたことがうかがわれる。図の端に四角

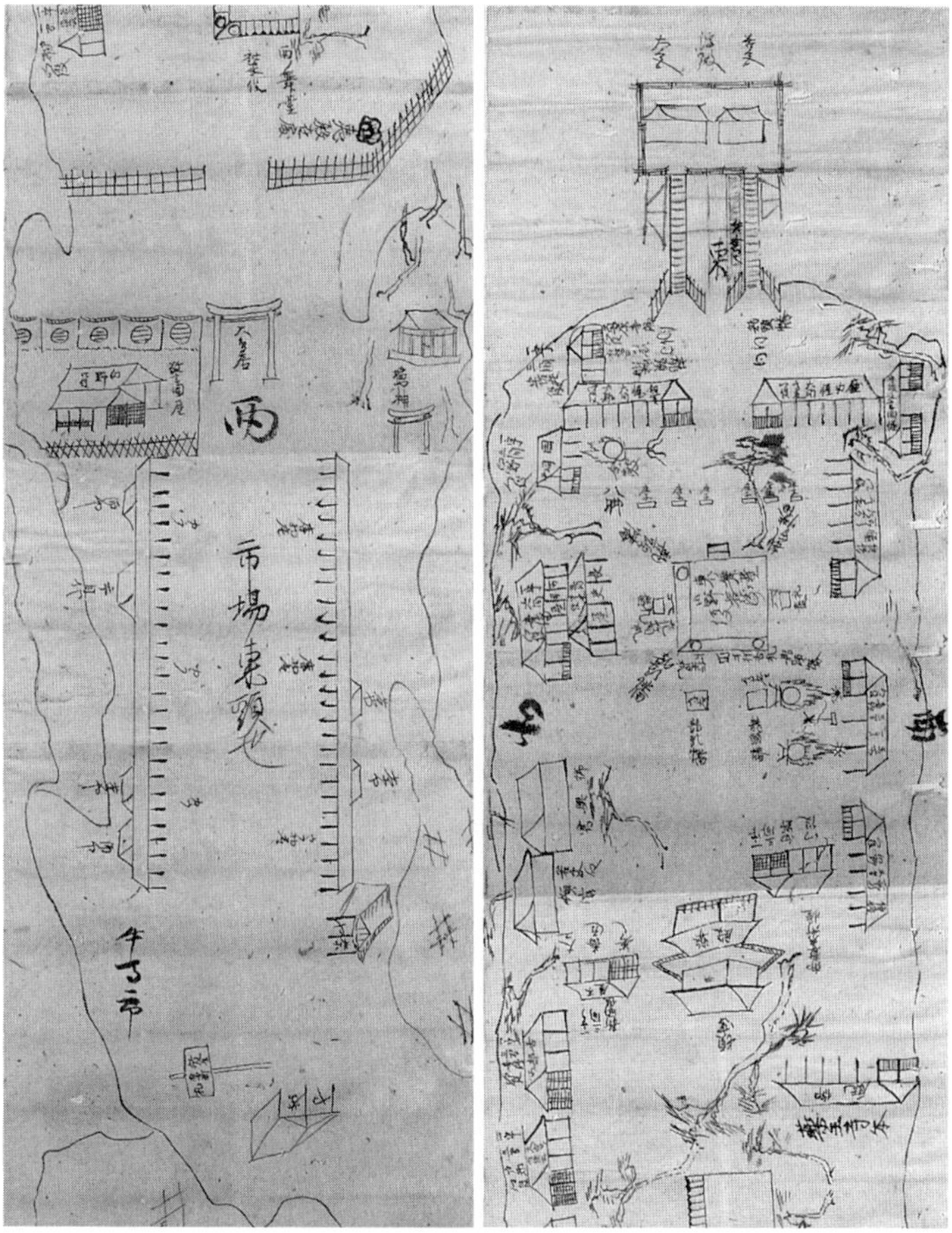

図3　「和間浜放生会法用場荘厳幷仮屋形絵図」

く囲まれたなかにお社が二つたっている。これは浮殿《うきどの》とよばれる社殿である。今は海岸がずっと北にのびてしまい、寄藻《よりも》川の中ほどにあるが、かつては河口の海面につきだしてつくられた神社であった。これは御旅所《おたびしょ》にあたる施設で、ここに宇佐宮から御輿《みこし》で神さまがやってくる。じつは、この場所は豊前国と豊後《ぶんご》国の境界なのである。このような境界領域で、放生会という祓えの儀式が行われたのである。この祭りの場にさまざまな仮設の建物がつくられた。そして祭りに参集する人たちを目当てに市がたった。大鳥居の下に「西」と書かれ、その外に「市場」と書かれているが、掘立柱に屋根がついている粗末な長屋風の見世店《みせだな》が描かれ、唐物屋、酒屋、茶屋などの商売が書かれている。北側には市立てに関与する市目代《いちのもくだい》の仮屋が描かれている。見世店の横には「牛馬市」と書かれ、牛や馬が売られていたことがわかる。室町時代の祭りの場での市立ての姿を具体的に示してくれる貴重な史料であるといえる。

薦社絵縁起

もう一つの祭りである「行幸会」は、卯《う》年と酉《とり》年とに行われた祭りである。宇佐宮では六年ごとに御神体である薦枕《こもまくら》がつくりなおされたが、それにかかわる祭りである。薦枕は御験《みしるし》ともいい、マコモでつくった直径一二センチ、長さ三〇センチほどの枕である。御神体なので、私はみたことはないが、古代史家で神職でもある上田正昭先生は実際にみたことがあるそうである。この薦枕、じつは移動用の御神体としてつくりだされたものである。養老四（七二〇）年、大隅日向の隼人の乱のとき、豊前の軍隊とともに八幡神が大隅国と日向国にむかった。日本の神さまというのは姿や形がないから、従軍するといっても、なんらかの依代《よりしろ》をもっていかなければならない。それまでの八幡神の御神体は宮柱という柱状のもので、それでは持ち運びできないというので、大神諸男《もろお》という宇佐宮の神職がつくりだしたのが軽くて小さな薦枕だったのである。

この薦枕の更新にかかわる絵図がある。薦神社の「薦社絵縁起」である（三四・三五頁図4参照）。薦神社は宇佐宮の西方約二〇キロの地に鎮座する古社である。「薦社絵縁起」は三幅の掛け軸と巻物になった詞書《ことばがき》一巻で構成されている。三幅の絵縁起の上段には、それぞれ「薦神社境内と御澄池《おすみいけ》」「宇佐宮境内」「御許山《おもとやま》と奈多《なだ》八幡宮」とが描かれ、下段には『八幡大菩薩愚童記《はちまんだいぼさつぐどうき》』『八幡宇佐宮御託宣集』などに記された「八幡縁起」の世界が描かれている。

第一幅の「薦神社境内と御澄池」図をみると、御澄池に龍神がおどりでて化鳥が舞い、その堤では宇佐池守が大神諸男を迎えている。これは『八幡宇佐宮御託宣集』に記された薦枕創出説話を描いたものである。参道右手には勅使の姿も描かれ、すやり霞で分断された下段には、神功《じんぐう》皇后の三韓出兵説話が描かれている。

第二幅の上段は「宇佐宮境内」図で、化鳥となって出現した八幡神をおがむ大神比義や鍛冶の翁、それに宇佐宮に参籠する伝教大師最澄《でんぎょうだいしさいちょう》や弘法大師空海《こうぼうだいしくうかい》の姿が描かれている。そして、下段には和間の浮殿における放生会、加賀《かが》による唐《から》攻め、東大寺大仏殿《だいぶつでん》建立時の八幡神入京などが描かれている。

第三幅の上段は、宇佐宮の奥の院である御許山に化鳥となって八幡神が出現し、それをおがむ波知《はちの》

翁と豊前国の役人の姿、それに奈多宮が描かれている。下段には、宇佐宮の女禰宜《ねぎ》であった辛嶋加津《かつ》波津女《はづめ》（辛嶋波豆女《はづめ》）が、軍船の舳先に立つ勇姿が描かれている。これは大隅日向の隼人の乱のときのエピソードである。また、香原山《かわらやま》（香春岳）にむかう伝教大師の姿も描かれ、内裏《だいり》に出現した於志《おし》加津《かつ》（恵美押勝）の霊を八幡神が追いはらう図も描写されている。

「薦社絵縁起」は宇佐宮や薦神社などの境内図に「八幡縁起絵巻」を融合させた独得な内容をもった絵図だといえる。詞書とともに伝えられていることから、絵解きのために作成されたものと推測される。この絵縁起は、宇佐宮境内図に描かれた末社の造営年代から、元禄四（一六九一）年までに製作された近世前期の作品であろうと思われる。また、ここに描かれた八幡縁起絵は『八幡大菩薩愚童記』などに準拠した絵巻からやや改変されており、薦神社独自に展開した絵縁起であると考えることができる。

さて、もう少し、この絵縁起をもとに考察したいと思う。

薦枕の材料となるマコモを採取する場所、そして薦枕をつくる場所は決まっていた。「薦社絵縁起」第一幅上段には御澄池（三角池）という大きな池

図4　「薦社絵縁起」

とそのかたわらに薦神社が描かれている。御澄池は薦神社の内宮《ないぐう》といわれ、それ自体が聖域である。この池のなかのマコモを刈りとって、宇佐宮の外宮で薦枕が調製されていたのである。白衣を着た神職らしい人物が船で池のなかに乗りだしている。これは薦刈神事をあらわしていると思われる。

第二幅に描かれた宇佐宮の外宮は、上宮の鎮座する小倉山の麓にある。外宮は御饌殿《みけでん》的な性格をもち、神さまのお供え物、食べ物を整える場所である。この片隅に仮設の小屋をつくり、ここで大神氏が薦枕を調製し、上宮の本殿に安置したのである。安置する前に、新しい薦枕を御輿にのせ、宇佐周辺の八箇社《はっかしゃ》などを行列してまわった。

では、古くなった薦枕はどうなったのだろうか。古い薦枕は「薦社絵縁起」の第三幅に描かれた奈多八幡宮にもっていかれた。奈多八幡宮は宇佐宮の東方約四〇キロほどの国東半島東部の海岸部にある。ドミノ倒しと同様、もう一段古い薦枕はここから海に流された。そして、流された薦枕は対岸の伊予《いよ》国の三机《みつくえ》八幡社に送られたという伝承がある。行幸会は六年ごとに御神体である薦枕が更新されたわけだが、それと同時に八幡神の神霊も再生して活性化されたのである。

八幡信仰を考えるうえで、『八幡大菩薩愚童記』と、今までたびたび引用した『八幡宇佐宮御託宣集』はとても重要な文献である。

平安時代の末、宇佐宮は源平の争乱にまきこまれる。元暦元（一一八四）年、豊後の緒方維栄《おがたこれよし》の軍勢が、平家方の宇佐宮を攻め、数多くの社殿を破壊して略奪の限りをつくすという事件が生じた。このとき、宇佐宮に伝わる文書の多くが失われた。これをなげいた神吽《しんうん》という弥勒寺の学僧は、各地に伝わる八幡神に関する史料と縁起を探し求め、『八幡宇佐宮御託宣集』を編纂した。このお坊さんは、宇佐宮の神職家の一つである大神氏の出身で、二十数年間の準備期間を経て、正応三（一二九〇）年に書きおこし、正和二（一三一三）年に完成させた。引用した古文書の出典をあきらかにするとともに、古老からの聞き書きや自分の考えなど、どのような資料であるかを明示しており、その編集方針は近代的であったといえるほどである。そのため、伝説を多く含む縁起や歴史資料などさまざまな情報が混在するとはいえ、きわめて豊かな八幡神の歴史と伝承が、現代にまで伝えられることになったのである。

鎌倉時代の元寇《げんこう》は、宇佐宮にも大きな影響をあたえた。蒙古《もうこ》軍が北部九州に攻めよせてきたとき、二度とも大風が吹いて侵略をまぬがれた。当時の人びとは、この大風を八幡神などの神仏の守護のおかげであると考え、神風《かみかぜ》とよぶようになった。このような国難によるナショナリズムの高揚のなかで『八幡大菩薩愚童記』が書かれる。題名のとおり、子供にでも八幡神の神徳が理解できるようにと記されたもので、石清水八幡宮の社僧によって書かれたものだといわれている。

「薦社絵縁起」のそれぞれの上半分は、行幸会の薦枕の新旧交代という儀礼を中心に絵にしたもので、宇佐宮行幸会の祭祀空間を表現した絵であるといえる。すやり霞で上半分と分割された下半分には「八幡縁起絵巻」の画面が再構成されて描かれている。

行幸会のときに新しい薦枕が八箇社を巡ったが、この八箇社とは、田笛《たぶえ》社・鷹居《たかい》社・郡瀬《こおりせ》社・酒井《さかい》社・泉《いずみ》社・大根川《おおねがわ》社・妻垣《つまがき》社・小山田社など、現在の宇佐市とその周辺に分布する神社である。宇佐宮の境外摂社である八箇社の絵図も残されている。

宇佐宮古図

最後に紹介するのは「宇佐宮古図」（二七頁図2参照）である。これは「応永の古図」と通称されている境内絵図で、残念ながら年号などは書かれていない。応永年間に大内盛見が宇佐宮を復興したときの絵図であるといわれている。

この絵図で描かれているように宇佐宮が復興されたかどうか疑問である。以前、私は宇佐宮の近くの宇佐風土記の丘歴史民俗資料館（現在の県立歴史博物館）につとめていたが、そのころ同僚が宇佐宮弥勒寺とその周辺の発掘調査をしていて、古図に描かれた大宝塔《だいほうとう》の遺構を確認しようとした。ところがみつからない。寄藻川の川原に近いので、氾濫で流されたのか、それとも本来ここになかったのか。どうしても遺構を確認することができなかった。

研究が進むにつれて、「宇佐宮古図」は、再興のための青写真のような図面ではないかといわれるようになってきた。つまり完成予想図である。宇佐宮が九州一の荘園領主としてもっとも勢力を張った平安時代、そのころの姿を想定して描かれたのではないのか、というのである。

また、この絵図の特徴は異常な距離感覚にある。中央に宇佐宮と弥勒寺とが非常に大きく描かれている。ところが、その周辺の四隅には、奥の院の御許山や薦神社、八箇社、和間の浮殿まで、ぎっしりと小さく描かれている。魚眼レンズのカメラのファインダーをのぞいたような構成なのである。周辺部は正確な地図というよりも、絵図の寄せ集めといえる。「宇佐宮古図」は本来一種の宮曼荼羅《みやまんだら》として、一枚の絵のなかに宇佐宮世界を描き込んだものではなかったのか。

この影響は江戸時代にまでおよんでいる。永青《えいせい》文庫所蔵の「豊前国宇佐宮之図」も基本的に同じ構成で描かれている。慶長五（一六〇〇）年に細川忠興《ただおき》が豊前一国と豊後国速見《はやみ》郡と国東郡をあたえられて入封し、宇佐宮に社領一〇〇〇石を寄進して、五四棟の社殿を造立するとともに一九棟を修復したことがある。忠興は同時に行幸会と放生会も復興している。この細川家の宇佐宮復興の際に描かれたのが、寛永五（一六二八）年銘のある「豊前国宇佐宮之図」なのである。絵図に描かれた堂社には

「三斎公《さんさいこう》御建立」とか「三斎公御修理」などと書かれた押紙が貼られている。三斎公とは細川忠興のことである。押紙が貼られていない建物は、再建も修理も行われていないものである。この境内絵図は、細川家の再興が一段落したあと、復興状況を示すとともに、取り残された建物の再建を願って描かれた絵図であろうと思われる。復興にかかわる絵図であるという点では、「宇佐宮古図」と同様であり、その描写方法の影響は近世にまでおよんでいたのである。

「宇佐宮上宮仮殿地判指図」が正確な情報をきっちりと伝えることに主眼をおいているのにくらべ、「宇佐宮古図」は、宇佐宮の祭祀世界、八幡神をどのようにまつっているのかを宮曼荼羅の形を用いて描こうとしたのではないだろうか。

八幡宇佐宮関係の絵図は、いろいろな目的で描かれている。宗教的な目的でつくられたもの、造替や復興のために描かれたもの、あるいは物見遊山の観光の対象として大量に刷られたものなど、時代と目的にそって、さまざまな絵図がつくられてきた。かつては、もっとたくさんの絵図が製作されたことは間違いない。今でも残る絵図は歴史の荒波を乗りこえてきた、貴重な社寺絵図であるといえる。

参考文献

宇佐市教育委員会編『史跡宇佐神宮境内保存管理計画書』(一九九二年)。
大分県立宇佐風土記の丘歴史民俗資料館編『寺社絵の世界』(一九九五年)。
乙咩政已「近世宇佐宮境内図の成立年代について」(『大分縣地方史』第一四六号、一九九二年)。
真野和夫「到津家蔵『豊前国宇佐宮絵図』の成立」(『大分縣地方史』第一二六号、一九八七年)。

神仏習合の諸形態——大和国の場合——

吉井　敏幸

はじめに

明治以前の日本の寺院には、鎮守社《ちんじゅしゃ》などが、神社には神宮寺《じんぐうじ》や宮寺《みやでら》などがあり、それぞれの寺院と神社は位置関係だけではなく、信仰上も密接な関係があった。今回の私の話は、神仏習合の形態を類型化するとそれぞれの寺院・神社のあり方がよくわかるのではないか、ということで考えた一つの試案である。大和国《やまとのくに》の寺院・神社を対象にしたけれども、大和だけではなくて一般的にいえるものである。

本論にはいる前に「神宮寺」「本地堂《ほんじどう》」「習合寺院」などの言葉について定義しておきたい。というのは神仏習合の寺院＝「神宮寺」と理解され、そのように書かれている場合が多いからである。ここでいう「習合寺院」というのは神社に関係しているすべての寺院を指す。それに対して「神宮寺」「本地堂」は、神社の境内や隣接地にあり、神社の祭神と一体となった寺院や堂を指す。したがって習合寺院のなかに神宮寺や本地堂は含まれる。

中世以来の神仏習合は「本地垂迹説《ほんじすいじゃくせつ》」という考え方に基づいていた。「本地垂迹説」というのは、インターナショナルな仏さまが、日本の国内では神さまという形で姿をあらわして人びとを救うという仏教中心の考え方である。したがって日本国内に鎮座している神々には、本来どの仏さまだということが決められていた。この仏さまを「本地仏」というが、「本地垂迹説」の本地仏をまつっているところが「神宮寺」であり、「本地堂」である。あとで述べるように大規模な神社の場合はさまざまな寺院が周辺にあった。しかしそのなかで「神宮寺」や「本地堂」はそのうちの一つで、周辺の寺院のなかでもかぎられた寺院ということになる。

さて、大和国にあるさまざまな寺院・神社の神仏習合の形態を分類すると「A　寺院が中心で神社が鎮守社としてまつられている場合」と、「B　神社が中心で寺院が神社の境内《けいだい》や周辺に所在している場合」に分けることができる。Aの場合は寺院が主で神社が従、Bの場合は神社が主で寺院が従、ということもできる。

A分類である寺院が中心の場合は、鎮守社のあり方で三つのタイプに分けることができる。

一つ目のタイプは、寺院が建立される以前から地域に土着しているいわゆる地主神が、あらたに寺院を建立することを認知し、その寺院の鎮守社になる場合である。

二つ目のタイプは、寺院が建立されたあとに寺院をまもるために神を勧請《かんじょう》し、その神を寺院の鎮守社とした場合である。このような神を護法善神《ごほうのぜんしん》という。

三つ目のタイプは、もともと寺院と神社は単に隣接しているだけでなんら信仰上の関係はなかった。

それがいつのまにか神仏交渉するようになり、まるでもともと寺院と神社が習合関係にあったかのような形になってしまう場合である。ただしこれは必ずしも寺院が主で神社が従であるわけではなく、対等というのが近いかもしれない。

Ｂ分類である神社が中心の場合も、また三つのタイプに分けることができる。

一つ目のタイプは、神社が主であっても隣接した寺院がとても強くて、神社のまわりを寺の堂舎が取り囲んでしまい、神社の運営もほとんど寺僧が行うという場合である。

二つ目のタイプは、神社が非常に強く、その周辺に中小の寺院が散在している場合である。

三つ目のタイプは、神社と寺院がセットになったような形で隣接している場合である。二番目のタイプと三番目のタイプの差は、二番目は寺院が複数ある場合、三番目は寺院が一つの場合である。

神仏習合の形態は以上のように分類できるのではないか、と思う。

寺院が中心の神仏習合形態

まずＡ分類、寺院が中心で神社が寺院の鎮守社になっている場合、を取りあげる。

地主神が寺院の鎮守社となる場合

この場合の例としては法隆寺《ほうりゅうじ》と竜田新宮《たつたしんぐう》、長谷寺《はせでら》と滝蔵社《たきのくらしゃ》、室生寺《むろうじ》と室生竜穴社《りゅうけつしゃ》の三つの事例を取りあげる。

法隆寺の場合、鎮守社は竜田社である。竜田社は竜田本宮（生駒《いこま》郡三郷《さんごう》町立野《たつの》）と竜田新宮（生駒郡斑鳩《いかるが》町竜田）の二社がある。竜田社の縁起《えんぎ》（「庁中漫録《ちょうちゅうまんろく》」所収）によると、竜田本宮は崇神《すじん》天皇のときに鎮座した風の神で、この地方の地主神である、とされている。これに対して竜田新宮の縁起は以下のとおりである。聖徳太子《しょうとくたいし》が日本最初の「仏法伝通寺塔」をたてようということで平群《へぐり》の里の辺りを歩いておられた。そこへ翁に姿をかえた竜田明神があらわれ、聖徳太子は寺の建立場所の適地についてその翁にたずねた。するとその翁は斑鳩里が堂塔建立場所によい場所であると教えた。太子の手によって、その地に法隆寺が建立されることになった。そこで太子は竜田明神に「すでに明神は平群の郡主となすによって勝地に望む。然は即ち吾が寺の近くに住み守護し玉へ、伽藍《がらん》その恩徳となさん。この寺の住侶三十人法施の僧を進めしむべし」（「庁中漫録」）と祈願された。つまり太子は、竜田明神はすでに竜田の地に住しておられるが、法隆寺の近くにもお住みいただいて寺を守護していただきたい、そのかわり寺の住侶三〇人を奉仕させましょう、と約束された。法隆寺と竜田本社とは距離的に離れているので、法隆寺を守護するために新しく竜田新宮を建立したことになる。したがって竜田新宮の祭神は竜田本宮と同じである。

この竜田本宮・竜田新宮・法隆寺の三者は、のちのちまで関係があった。一六九七（元禄十）年閏二月四日「東之坊と禰宜《ねぎ》相論ニ付別当《べっとう》円性訴状写」に、

一、竜田大明神新宮は法隆寺の鎮守として聖徳太子の御開基一千年にまかりなり候由、これによって法隆寺学侶行人衆元日より社役御座候、勿論九月御祭礼には太子と明神御契約の上僧侶三

十人出仕にて四箇の法会御座候御事、

とあり、竜田新宮は法隆寺の鎮守であり、(縁起にもあるように)明神と聖徳太子との約束にしたがって寺が社役をつとめている。また一七二七(享保十二)年九月「竜田新宮堂社書上《かきあげ》之控」(「法隆寺文書」)は竜田新宮の社殿や境内の堂舎を書きあげたものであるが、そのなかには「金胎堂《こんたいどう》」や「本地堂」などの習合寺院の堂舎とともに「当社鎮座縁起等の事は法隆寺の総鎮守たるに依て彼寺に古来の所伝これ有るの由御座候」、つまり竜田新宮は法隆寺の総鎮守であるので鎮座などの縁起は寺に伝来している、としており、さらに「祭礼」の項では「毎年九月十三日には本宮立野明神より神輿《しんよ》に社渡《と》御《ぎょ》法隆寺より寺僧数口出仕」というように、立野明神をまつる新宮と本宮は祭礼を一緒にやっており、法隆寺からも寺僧が参加している。つまり、竜田本宮、竜田新宮、法隆寺は、江戸時代も縁起どおり一緒に祭礼をしているわけである。明治になってからは神仏分離で、法隆寺は関与しなくなった。

ところで法隆寺には、それ以外にもう一つ総寺の鎮守社である天満天神社《てんまんてんじんしゃ》(現在は斑鳩神社、生駒郡斑鳩町法隆寺)がある。『古今一陽集《こきんいちようしゅう》』によると、この天神社は法隆寺の「当寺の鎮守惣社等四社随一也」とあり、法隆寺西院の鎮守である惣社など竜田新宮以外の法隆寺鎮守のなかではもっとも有力な神社であり、しかもその起源は人王《にんのう》六十一代朱雀院《すざくいん》御宇《ぎょう》天慶《てんぎょう》年中(九三八〜四七年)に湛照僧都《たんしょうそうず》がはじめてまつった、という。

法隆寺とよく似ているのが長谷寺(桜井市初瀬《はせ》)で、地主神である滝蔵《たきのくら》権現が長谷寺の鎮守社である。滝蔵権現社は長谷寺の北方三キロほどの滝倉《たきくら》(桜井市滝倉)という山中の集落にある神社である。

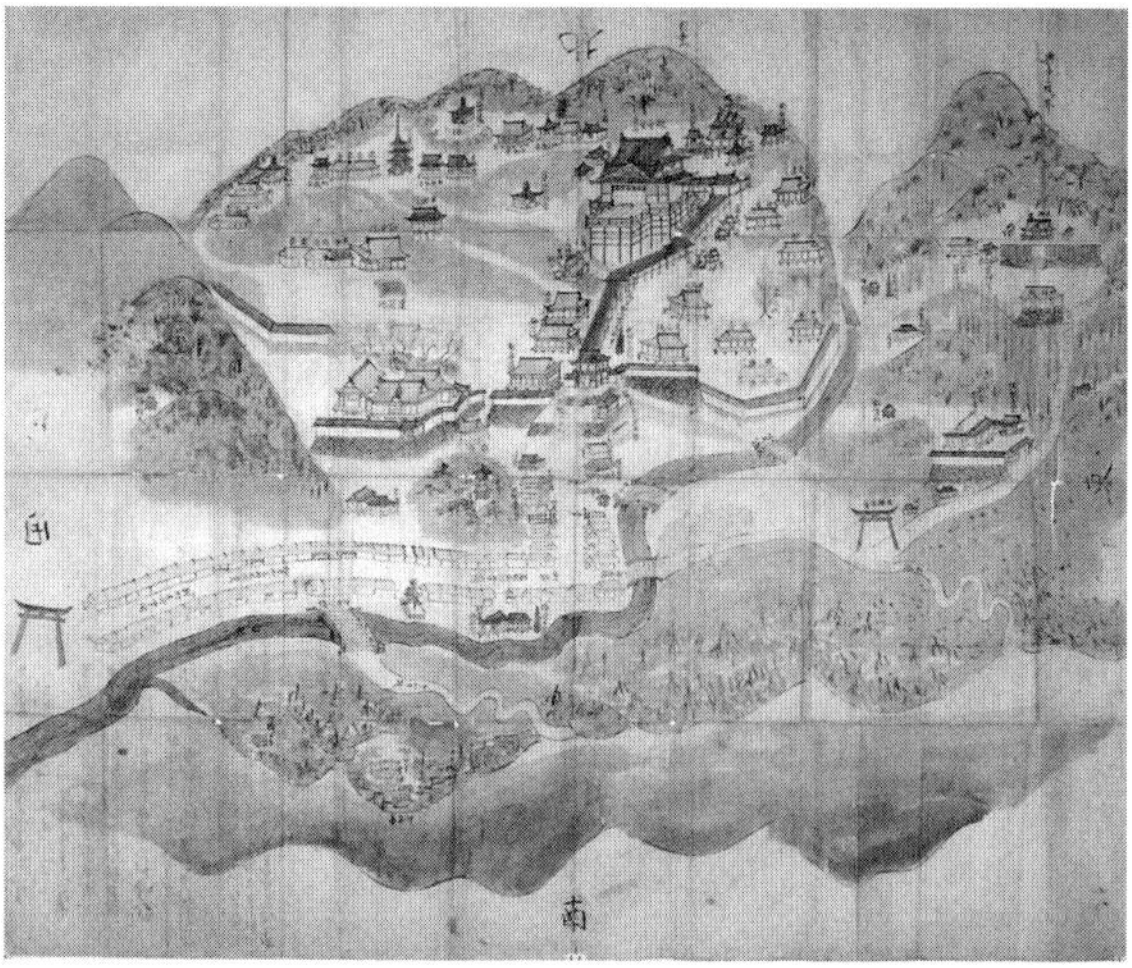

図1　「長谷寺境内図」

「豊山伝通記《ぶざんでんつうき》」（『豊山全書』）によると、神武《じんむ》天皇のころに明星天子《みょうじょうてんし》が滝蔵山の頂上におりて鎮座した。その後聖武《しょうむ》天皇の七三三（天平五）年八月十五日に明星天子が長谷観音堂の左脇の平坦地に僧形《そうぎょう》の形であらわれ、長谷寺の僧徳道上人《とくどうしょうにん》に謁し、つぎのように述べた。「私（明星天子＝滝蔵権現）は上古からのこの地方の地主である。今重ねて十一面堂（長谷観音堂）を守護する」と。長谷寺の縁起によると、長谷寺はこれより前の六八六年に僧道明《どうみょう》によって建立され、さらに徳道上人が聖武天皇の勅をうけて十一面観音像を造立した。つまり長谷寺がさきに建立されたが、その後長谷観音が造立されたときに、この地の地主神である滝蔵権現が十一面堂をまもる鎮守神となり、十一面堂のすぐそばに鎮座した。今日でも長谷寺の本堂の右脇に滝蔵社がある。これは図1「長谷寺境内図」でも確認できる。

　この長谷寺にも天神社がある。長谷寺の東に与喜山《よきさん》という小さな山があり、そこに鎮座している与喜天満宮という神社がそうである。この神社もまた長谷寺の鎮守社だといっている。さきほどの「豊山伝通記」の「与喜天神鎮座」によると、九四六（天慶九）年九月に、滝蔵大菩薩が今この山（与喜山）を天神にゆずるので、長く地主として長谷寺を守護するようにと述べられた、という。「和州《わしゅう》長谷寺古今雑録《こきんざつろく》」（『豊山全書』）という長谷寺の由来書には、この天神は「勧請之神」（招いた神）ではなくて「影向《ようごう》之神」（来臨した神）である、と記されている。この与喜天神社も図１「長谷寺境内図」に描かれている。したがって法隆寺と長谷寺は、地主神が鎮守社であるとともに、その後天神もまた鎮守社になるという点でよく似ている。天神社が鎮座する時期も法隆寺では九四〇（天慶三）年、長谷寺は九四六年で近い。

　地主神が鎮守社という点では室生寺（宇陀《うだ》郡室生村字室生）もこの類型にいれることができる。室生地方にはこの地域の地主神である室生竜穴神、竜王、または善女竜王《ぜんにょりゅうおう》（女神）という水の神さまがいる。奈良時代になって、賢憬《けんけい》という僧侶が国家鎮護のために、このそばに寺院を建立した。これが室生寺である。当然この地域の地主神であった室生竜穴神が鎮守社になる。そのことについては九三七（承平七）年四月「室生山年分度者奏状」（「金沢文庫文書」）につぎのように記されている。

　宝亀《ほうき》年中（七七〇〜八一年）に東宮《とうぐう》（山部皇太子でのちの桓武《かんむ》天皇）の病気が思わしくないので、清浄僧五人が室生山の山中で修行を行い、ついに病気が治癒した。その後興福寺僧賢璟が国家のために室生寺を建立した。その後竜王（この地の地主神である室生竜穴神）の験がいよいよ増し、国家鎮護の神となった。

図２　「后代手本和州室生山図」

これと関連する興味深い話が「庁中漫録」に「竜穴社　室生山鎮守」と題して記されている。釈慶円《しゃくけいえん》が室生山に一千日籠もって修行をしていたときに、河の橋に一美人が深く顔をおおったまま、「私に即身成仏させてください」と慶円に告げた。慶円はあやしんでその美人の名前を問うたところ、「われは善女竜王」と名乗った。そこで慶円は即身成仏の印明《いんみょう》をさずけたので竜王は歓んだ。慶円はその姿をみせてほしいと願うと、竜王は天に上り、雲のあいだから小指をだした。その指の爪の長さは一丈余あり、五色の光に輝いていたという。これにより仏法擁護の竜神としてまつられることになった。これが竜穴社である、と。

この話は竜穴神の仏神化譚であるが、図２「后代手《ごだいて》本和州室生山図《ほんわしゅうむろうさんず》」で右端に鳥居のある神社があり「善女竜王」と貼紙がある。これが室生寺の鎮守社である。

寺院が建立されたあとに鎮守社が勧請される場合

寺院が建立されたあとに鎮守社が勧請される例として、もっとも代表的な例が東大寺《とうだいじ》の場合である。さきほどの段上先生の話にもあったが、東大寺を造営するときに宇佐の八幡神を勧請して、東大寺の守り神にした。現在の手向山《たむけやま》八幡宮、以前の東大寺八幡宮がこれだと話された。これがこの種の鎮守社のもっとも古い例である。東大寺では七四三（天平十五）年に大仏建立の詔《みことのり》がだされて造営がはじまった。困難をきわめた東大寺建立の過程で、宇佐八幡神が援助した縁で、宇佐八幡神を東大寺の鎮護の神とすることになった。『続日本紀《しょくにほんぎ》』七四九（天平勝宝元）年十二月十八日条によると、八幡神が平群郡から平城京《へいじょうきょう》へ入京、神殿が造営され神宮になった。東大寺大仏殿から東の二月堂・三月堂への途中に比較的大きな神社がある。この神社が東大寺八幡宮、現在の手向山八幡宮である。その後南都《なんと》の諸寺院のうち大安寺《だいあんじ》・薬師寺《やくしじ》・西大寺《さいだいじ》などに八幡神がつぎつぎに勧請され鎮守社となっていった。

　東大寺のつぎに八幡神が勧請されたのが大安寺（奈良市大安寺町）である。大安寺は飛鳥《あすか》にあった大官大寺《だいかんだいじ》が、平城京遷都のすぐあとに移築されたものである。十二世紀中ごろの大江親通《おおえちかみち》の撰による「七大寺巡礼私記《しちだいじじゅんれいしき》」（『七大寺巡礼私記』奈良国立文化財研究所）や一四五五（康正元）年ごろに編集された「南都七大寺巡礼記」（『大日本仏教全書　寺誌叢書四』）によると、大安寺の行教《こうぎょう》和尚が八五五（斉衡二）年に八幡大菩薩を宇佐宮から大安寺に勧請された。これが大安寺の鎮守八幡宮（現在は八幡神社）である。同じ行教により宇佐八幡神が男山《おとこやま》に移され、石清水《いわしみず》八幡宮として鎮座するのがそれよ

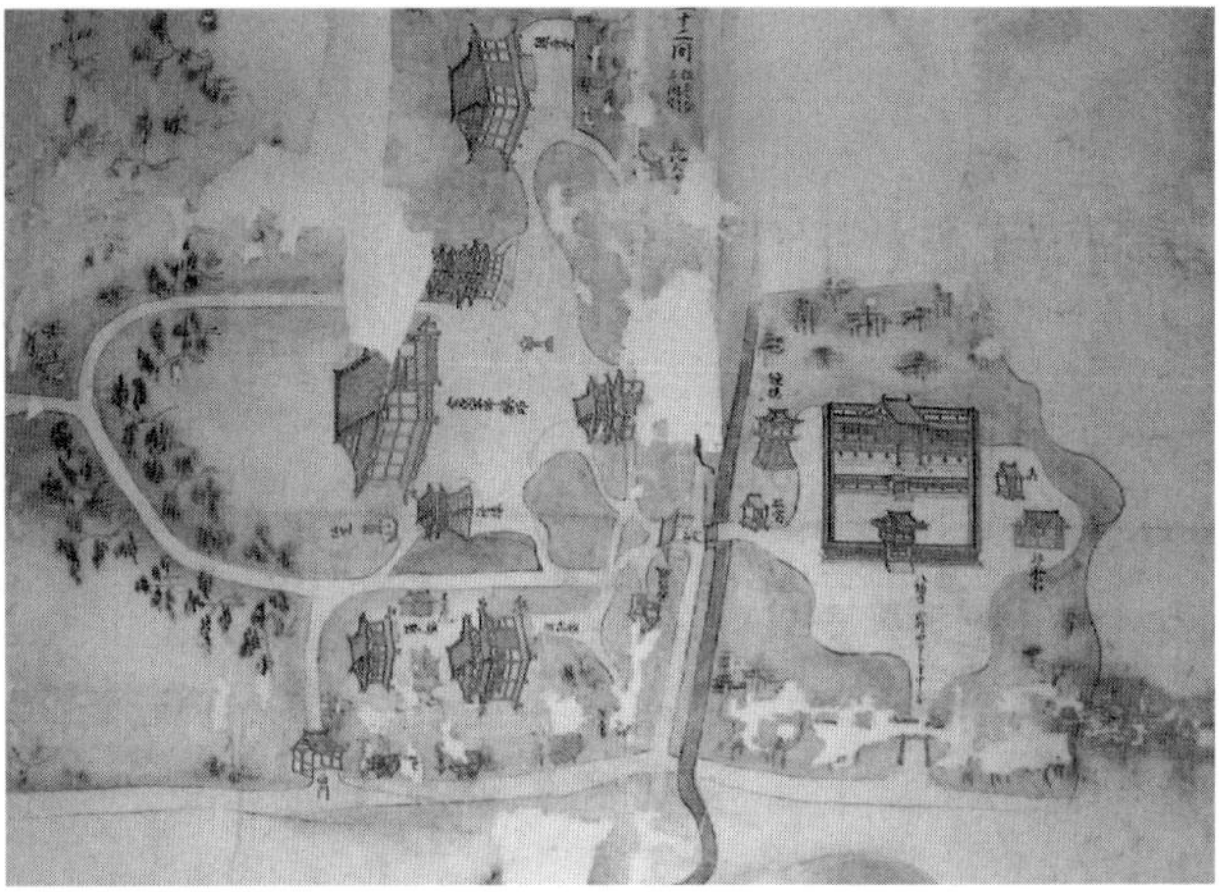

図3　「薬師寺絵図」（部分）

りあとの八六七（貞観九）年なので、あの有名な石清水八幡宮よりさきに大安寺に八幡神が勧請されている。現在は大安寺はだいぶ衰退したが、そのそばに神社がある。この神社は今は付近の村の氏神《うじがみ》社となっている。これが大安寺八幡宮である。

　行教が宇佐宮から八幡大菩薩を大安寺に勧請する途中、薬師寺で一時的に休憩した。その場所に薬師寺の鎮守社がつくられた。これが薬師寺八幡宮（奈良市西《にし》ノ京《きょう》町）である。薬師寺もまた大安寺と同じく飛鳥にあったが、平城京遷都とともに現在の地に移転された。「薬師寺濫觴《らんしょう》私考」（『大日本仏教全書　寺誌叢書二』）によると、行教和尚が宇佐宮から八幡神を勧請したときに、薬師寺にあった岡で休息した。ゆえにその場所を休息岡《やすみがおか》という。その跡には塔婆がたてられまつられていたが、薬師寺別当栄紹《えいしょう》の寛平《かんぴょう》年間（八八九〜八九八）に重ねて大菩薩をこの岡に勧請し、薬師寺の鎮守とした。現在この八幡宮は薬師寺のすぐ南に隣接して鎮座しており、休岡《やすみがおか》八幡神社と称している（図3「薬師寺絵図」参照）。

大安寺・薬師寺以外に南都寺院では西大寺にも八幡宮がある。南都寺院以外の大和の寺院、たとえば飛鳥の岡寺《おかでら》（高市郡明日香村岡《たかいちあすかおか》）や葛城の伏見寺《かつらぎふしみでら》（御所市伏見《ごせ》）も鎮守社は八幡宮である。このように比較的大きな寺院の鎮守社が八幡宮である場合が多くみられる。これらの鎮守社は、明治維新期の神仏分離のときは寺院から分離し、地元の村の氏神となったが、寺も神社もそのまま残っている。これは寺院が中心であり、神社は寺院をまもる鎮守であったためである。

神仏交渉の結果、習合寺院となった場合

神仏交渉の結果、寺院と神社が習合関係になった例として、大神社《おおみわしゃ》と平等寺《びょうどうじ》（桜井市三輪《さくらいみわ》）の場合をみてみる。図4「三輪山絵図」（大神神社所蔵）の中央の上下の参道にそって鳥居がならんでいるが、その奥まったところが大神社である。その右側に多くの堂舎伽藍が一つの谷をはさんでならんでいる。これが平等寺である。平等寺以外に大神社には大御輪寺《だいごりんじ》と浄願寺《じょうがんじ》という寺があった。大御輪寺はいわゆる「神宮寺」で、すでに奈良時代に建立されていたことは、この寺の本尊であった奈良時代の秀作聖林寺《しょうりんじ》十一面観音像とともに近年の建物の修理とそれに伴う発掘調査でも実証されている（黒田龍二「大御輪寺の祭祀と建築」『大美和』八七号、一九九四年）。浄願寺は鎌倉時代の一二八九（正応二）年ごろに大御輪寺に対する尼寺として建立されたものである。大御輪寺・浄願寺は神宮寺であり、大神社と密接な関係にあるが、平等寺は大神社に隣接しているが、本来は大神社とは別の寺院である。

平等寺は山号《さんごう》を三輪山といい、鎌倉時代の初期に慶円によって建立された。慶円の一代記である

「三輪上人行状」（『続群書類従』第九輯上）によると、彼は九州の出身であり、最初は大和国安部《あべ》別所（桜井市阿部《あべ》）に居住し、その後竜門寺辺（吉野《よしの》郡吉野町山口）に草庵をつくり、さらに三輪に別所をつくった。この三輪別所がのちに発展して平等寺となった。江戸時代の史料であるが、欠年「平等寺書上」（『三輪叢書』所収）によると、「和州三輪平等寺／興福寺《こうふくじ》之末寺／大乗院御持」（／は改行）とあ

図4　「三輪山絵図」

り、平等寺は興福寺の末寺であると記しているが、大神社との関係は記していない。また堂舎の書上には「鎮守付拝殿七間半有」とあって平等寺のなかに独自に鎮守社があること、坊数は昔は一二三坊、今は三一坊あって衆僧学侶一四人、山伏一六人、客僧二三人おり、真言宗である、などと記しているが大神社との関係についてはとくに記していない。これからみても平等寺は本来大神社とは関係ない寺院であったことがわかる。さらにこの史料には三輪寺（平等寺）の末寺として明王寺《みょうおうじ》、檜原寺《えばらじ》、源《げん》法寺《ぼうじ》、高光寺《こうこうじ》、浄福寺《じょうふくじ》など全部で一六カ寺の名前があげられている。これらの寺は大神社のまわりに散在していた寺で平等寺の末寺となっていた。平等寺もだんだん大神社と関係するようになって神仏交渉が行われ、まるで平等寺が大神社の神宮寺である大御輪寺や浄願寺と同じような寺と認識されるようになっていった。そのために明治になって大神社の神宮寺とされて廃寺になってしまったのである。

これと同じことが布留社《ふるしゃ》（現石上《いそのかみ》神宮、天理《てんり》市布留町）の習合寺院である内山永久寺《うちやまえいきゅうじ》（現天理市杣《そま》之内《のうち》町）と桃尾山竜福寺《もものおさんりゅうふくじ》（現天理市滝本《たきもと》町）の場合にもいえる。布留社には習合寺院が三カ寺あった。神社の南に隣接していた内山永久寺、東に少し離れた山の入口にあった桃尾山竜福寺、それに西方の田村《たむら》（現天理市田町《たまち》）にあった常蓮寺《じょうれんじ》である。このうち常蓮寺は氏子の村々五四カ村からなる布留郷にあった宮寺を組織した中筋寺《なかすじでら》の代表の寺院であるということで、この寺はほかの二寺院とは性格が異なるので、ここではふれない。

内山永久寺も桃尾山竜福寺も建立されたときは布留社と関係のない寺院だったが、いつのまにか神仏交渉が行われ神仏習合関係をもつようになった。

内山永久寺の正式名称は内山永久寺金剛院《こんごういん》といい、真言宗寺院であった。一三一七（文保元）年に作成された「内山永久寺置文《おきぶみ》」と、同じころの「内山之記」（『内山永久寺の歴史と美術　史料編』東京国立博物館）によると、永久寺は一一一四（永久二）年に鳥羽院《とばいん》の御願《ごがん》により権少僧都《ごんのしょうそうず》頼実《らいじつ》が開基となって建立され、前法務大僧正《さきのほうむだいそうじょう》尋範《じんぱん》によって拡張された。したがって二人は永久寺の本願《ほんがん》となっている。中世は興福寺大乗院の末寺であった。永久寺の境内には寺の鎮守社の四所《ししょ》明神があった。「内山永久寺置文」の「鎮守四所明神」の項によると、四所明神は西向きにあり、南端に大河明神（牛頭《ごず》天王《てんのう》）、中央に春日《かすが》大明神、北端に岩上《いわかみ》布留大明神、別社として白山妙理権現《はくさんみょうりごんげん》がまつられていた。このうち岩上布留大明神は布留社の神であり、鎮守の一画を占めている。また一四四一（嘉吉元）年「興福寺官務牒疏《かんむちょうそ》」では、

石上布留神。　山辺《やまべ》郡石上に在り。

祭所石上布留御御魂神

幷内山永久寺　供僧五人。社司二人。神人二十人。承仕二人。

とある。ここにある「供僧」が永久寺の僧であるのか否かが重要だが、これだけではなんともいえない。しかし「幷内山永久寺」とあるので、永久寺が布留社と神仏交渉がかなり進んでいる過程を示している。

もう一つの桃尾山竜福寺であるが、「興福寺官務牒疏」には、

竜福寺　山辺郡に在り。桃尾山と号す。
僧宇二十六坊
元明《げんめい》天皇養老元年。義淵《ぎえん》大僧正之開基。本尊観音
大士。

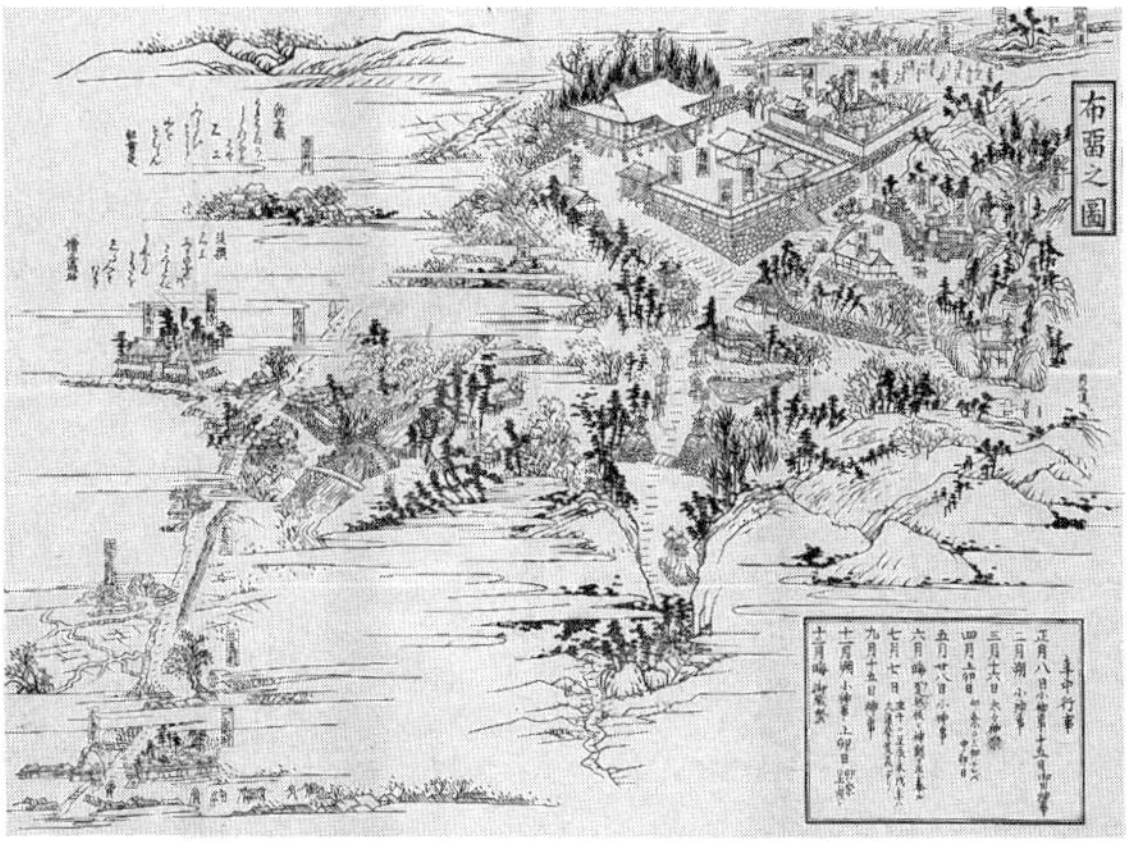

図5　「布留之図」

とあり、竜福寺は元明天皇のときに義淵大僧正が開基したと記されているが、布留社との関係はまったく記していない。また「竜福寺旧記写」（『天理市史』史料編第一巻）によると、竜福寺は義淵僧正が和銅《わどう》年間（七〇八～七一五）に草創、その後行基《ぎょうき》が天平《てんぴょう》年間（七二九～七四九）に開基し、本尊十一面観音で阿弥陀如来《あみだにょらい》もある。鎮守は十二所権現、熊野権現、春日大明神などとしているが、布留社についてはまったく記していない。

この竜福寺は、内山永久寺、中筋寺とともにセットになって、布留社と習合関係を結んでいた。それを示すのが、毎年七月九日に行われていた「笈渡《おいわた》しの神事」である。一六九八（元禄十一）年七月九日「布留宮護摩《ごま》執行

ニ付当番神役勤仕申渡願」（「天理大学附属天理図書館文書」）によると、この神事は布留社の神前で内山永久寺、桃尾山竜福寺、中筋寺が三年に一回交替で毎年行っていた。

布留社には、三カ寺以外に境内に神宮寺があった。前頁図5「布留之図」（天理大学附属天理図書館所蔵）に神社に隣接して「神宮寺」があり、神宮寺の境内には「護摩堂」もある。これが本来の神宮寺なのである。

具体的な史料はあげないが、春日社と興福寺との関係も、本来興福寺と春日社は別の寺院神社であったが、それが神仏交渉をもつようになり、興福寺は春日社の習合寺院のようになったのである。

神社が中心の神仏習合形態

つぎに、B分類、神社が中心で寺院が神社の境内や周辺に所在している場合、について述べる。

神社の周辺に大きな寺院がある場合

神社の周辺に大きな寺院がある場合の例として多武峯《とうのみね》、現在の談山《たんざん》神社（桜井市多武峯）があげられる。次頁図6「多武峯絵図」（談山神社所蔵）をみればわかるように、真ん中に大職冠藤原鎌足《たいしょくかんふじわらかまたり》をまつる社殿があるが、まわりは妙楽寺《みょうらくじ》というお寺の堂舎が囲んでいて、ほとんど妙楽寺一色である。

そういうものがこのタイプである。

これと同じ形が御霊《ごりょう》神社と霊安寺《りょうあんじ》（五條《ごじょう》市霊安寺町）の場合である。この御霊神社は奈良時代の

図6　「多武峯絵図」(部分)

光仁《こうにん》天皇の妃《きさき》で、山部王《やまべおう》(のちの桓武天皇)の策略によりこの地に流されて殺された井上《いのえ》皇后とその子他戸《おさべ》皇太子らをまつっている。御霊神社と霊安寺はほぼ同じ八〇五(延暦二十四)年ごろに、井上皇后らの御霊を慰めるために建立された(『類聚国史』延暦二十四年二月条)。ところが霊安寺は戦国末でかなり衰退し、そのもとにあった塔中は個々の寺院として独立する。一六八八(元禄元)年十月「霊安寺村御霊宮社丈間覚書」(「御霊神社文書」)は、霊安寺村にある御霊社およびそれに関係する寺院の実情を領主に差しだしたものだが、御霊神社の近くに法楽寺《ほうらくじ》、満願寺《まんがんじ》、喜法寺《きほうじ》、来迎寺《らいごうじ》、良峯寺《りょうほうじ》、十輪院禅那坊《じゅうりんいんぜんなぼう》の六カ寺があった。これらの六カ寺の代表が法楽寺であるが、法楽寺の本堂は御霊神社の境内にあった本地堂であり、中世ではその他の五カ坊の寺を配下にいれていたことがわずかな史料でわかる。この神社の場合も多武峯と同じように、霊安寺という寺に囲まれた神社で、あるいは神社も含めて霊安寺と称していたようである。

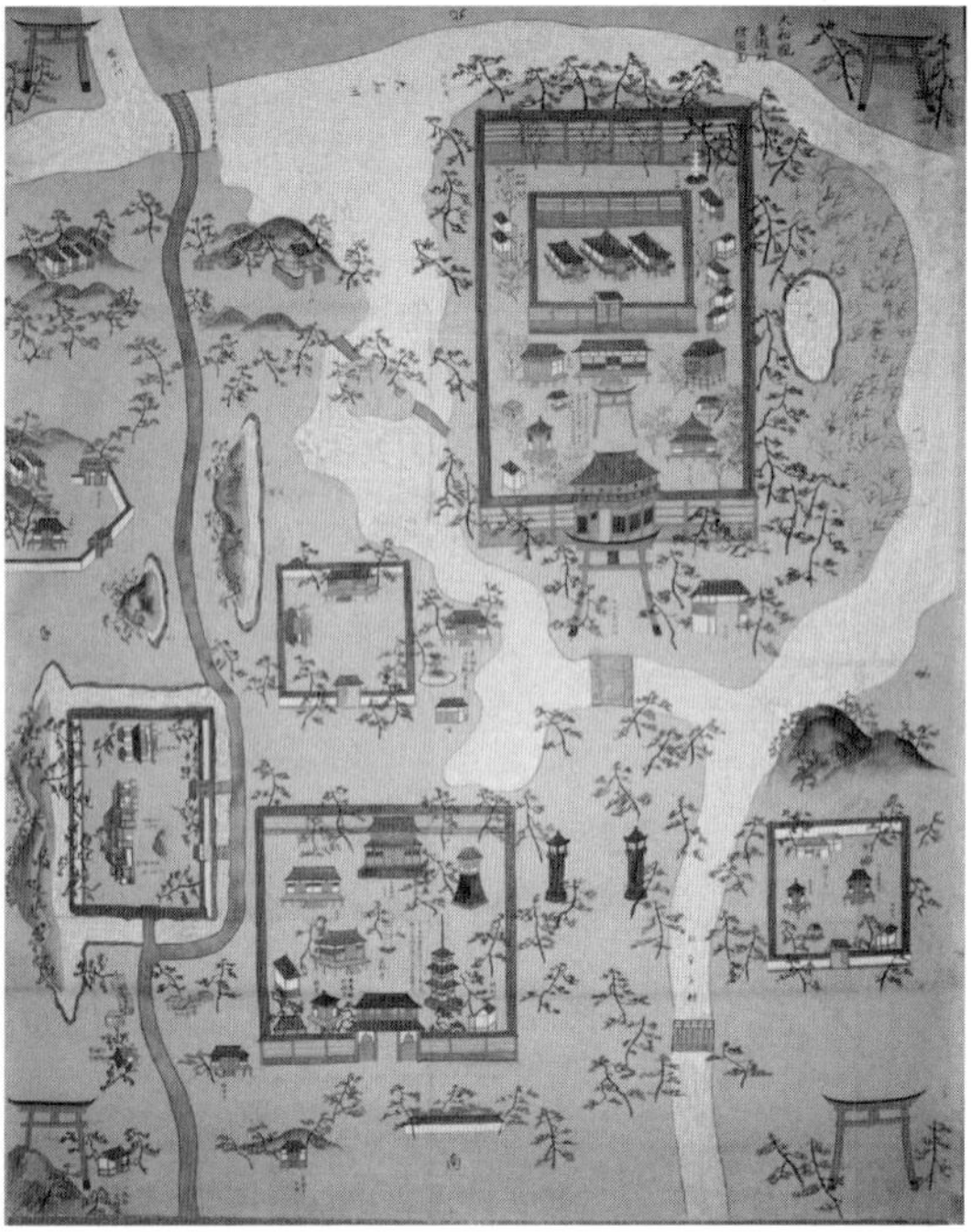

図7　「広瀬神社境内図」

神社の周辺に中小の寺院が散在している場合

大きな神社の周辺に中小の寺院が散在するという神仏習合の形態も、いくつかの事例がある。典型的なのが広瀬社《ひろせしゃ》である。広瀬社は現奈良県北葛城郡河合《かわい》町川合《かわい》にある神社で、地名が示すとおり大和平野の各地から流れてきた川が合流して大和川になる場所にあり、古代から有力な水の神をまつる神社である。図7「広瀬神社境内図」でも神社のまわりが川に囲まれている様子がわかる。この神社の周辺に四角い枠がいくつかある。これが寺院である。絵図では神宮寺、安立寺《あんりゅうじ》、定林寺《じょうりんじ》などの寺院名を認めることができる。

近世ではこれらの寺院は消滅したりして神社と関係なくなっているが、中世では広瀬社と習合関係にあった。一五二二（大永二）年四月二十六日「河相宮《かわいぐう》縁起」（「広瀬大社文書」）につぎのように記されている。広瀬神社は広瀬郡の郡神で、宮数は二一、伽藍は七堂、坊数は六坊、それに長明寺《ちょうみょうじ》、定林寺、安隆寺《あんりゅうじ》の三カ寺がある。絵図には長明寺の寺名はないが、これらの寺院を含めて河相宮と称しており、神社の周辺に寺が散在している様子がわかる。

この類型には往馬社《いこましゃ》（生駒市壱分《いちぶ》）の場合もあてはまる。一四四一（嘉吉元）年四月十六日「興福寺官務牒疏」に、往馬社についてつぎのように記している。

生駒伊古麻都比古神。同郡生駒郷。

供僧 大坊。東之坊。安明寺。円福寺。宝幢寺。
岡之坊。大門坊。新坊。福田寺。西福寺。

これによると、往馬社には供僧として一一の寺があった。これらの寺はすべて江戸時代でも残っていて、往馬社と習合関係にあった。一七二七（享保十二）年「往馬大社之記録」（「往馬神社文書」）によると、往馬社は一七カ村の氏神であり、社僧寺院は萩原《はぎわら》村安明寺、有里《ありさと》村円福寺《えんぷくじ》、小平尾《おびらお》村宝幢寺《ほうどうじ》、小倉《おぐら》村岡之坊《おかのぼう》、同所大門坊《だいもんぼう》、同所中之坊《なかのぼう》、同所新坊《しんぼう》、西畑《にしはた》村福田寺《ふくでんじ》、鬼取《おにとり》村西福寺《さいふくじ》、往馬社境内の大坊《だいぼう》、同東之坊《とうのぼう》の計一一の寺であった。この形態はおそらく「興福寺官務牒疏」記載のものと同じであり、したがって中世でも往馬社の社僧寺は二カ寺が神社の境内に、九カ寺が各村々にあったことになる。このような形の神仏習合形態は、これまでになかったものだが、神社が中心であること、とくに大きな神宮寺などはなく、小規模な寺院が神社の周辺に散在していること、などは広瀬社の類型と同じといえる。

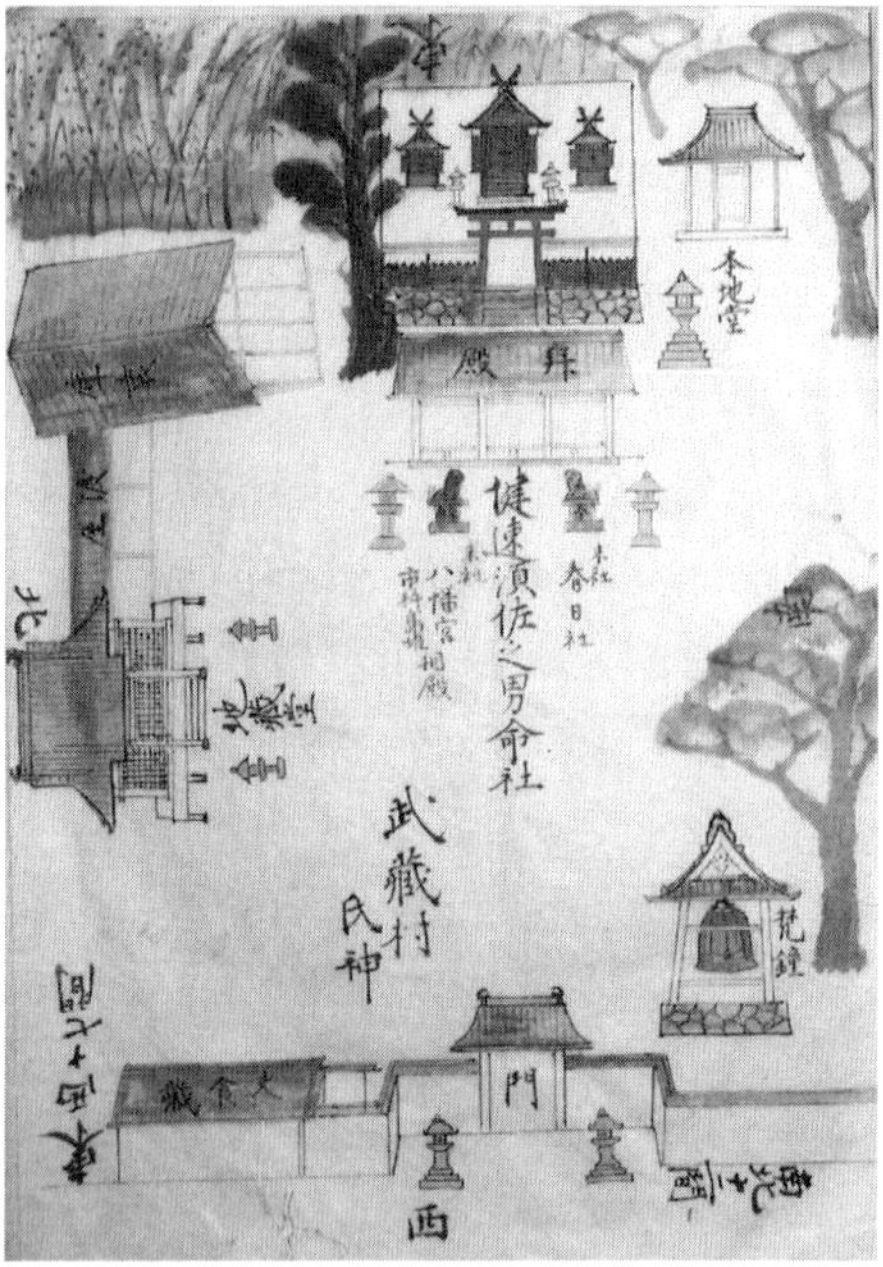

図8　「武蔵村鎮守牛頭天王社境内図」

寺院と神社がセットになっている場合

最後に、一つの寺院と一つの神社がセットになったような形で習合関係を結んでいる場合である。これは一般的にはもっとも目につきやすい神仏習合形態である。図8「武蔵村鎮守牛頭天王社境内図」は大和平野の典型的な村の鎮守社だが、真ん中に神社があり右後ろに本地堂、左に地蔵堂《じぞうどう》（護摩堂）がある。この場合の事例は規模が小さいものだが、大和平野で数カ村～数十カ村の村々を氏子《うじこ》とする比較的大きな神社（郷社）の場合、かなりの郷社がこの類型にはいる。ただし村レベルの鎮守社の場合は村鎮守社が成立した中世の成立期にすでに一つの鎮守社と一つの宮寺《みやでら》（惣堂）という形であった。しかし郷社レベル以上の神社では、一つの寺院と一つの神社がセットになっているという神仏習合形態は近世的な形態であって、中世では今までみてきたようにさまざまな形が存在したのではないか、それが江戸時代になってから整理されて、一つの寺院に一つの神社という形にかわったのではないか、と思う。

おわりに

以上のような多様な神仏習合形態のあるなかで、明治維新を迎え神仏分離が実施された。慶応四(一八六八)年三月十八日と二十八日の二回だされた神仏分離令は、正確にいうと、神仏判然《はんぜん》令、つまり神と仏をはっきり分けることを命じたものであり、廃寺・廃仏は命じられていない。ただ分離令をうけとった側は廃寺・廃仏令であると勘違いし、そのために短期間に多くの寺院がこわされた。興福寺の場合もその一例である。法令的にいうと、神社の境内にある寺の施設は分離の対象になったために当然廃止される。これまで述べてきた形態にそっていうと、A 寺院が中心で神社が鎮守社としてまつられる場合は、単に分離だけで寺院側に被害がない。ところがB 神社が中心で寺院が神社の境内や周辺に所在している場合、寺院は破壊の対象となる。東大寺、薬師寺、法隆寺、長谷寺などは単に組織と区域を分けるだけで神仏分離を実施しているが、多武峯などは神社が中心であったために寺院が廃寺の対象となり、完全に廃寺化された。そのなかで中途半端だったのがA類にいれた「隣接している寺社間で神仏交渉の結果習合関係になった」寺院である。法令の主旨でいうと神仏分離は当然だが、廃寺する必要はなかったのではないか、と思われる。しかし現実には大神社の平等寺、布留社の内山永久寺や桃尾山竜福寺、それに著名な興福寺も習合関係を理由にして廃寺となった。

このように類型化することによって神仏習合を理解しやすくなったし、またこれらの諸形態が神仏分離の実施のされ方に反映していることがわかる。

慧日寺絵図を読む

青山宏夫

はじめに

慧日寺《えにちじ》は、法相宗《ほっそうしゅう》の学僧徳一《とくいつ》が八〇七（大同二）年に開いたと伝えられる、みちのくの古刹である。会津《あいづ》大寺《おおでら》とも称され、十二世紀初めに成立した『今昔物語集《こんじゃくものがたりしゅう》』（巻第十七の第二十九）にも、「陸奥《むつ》国ニ慧日寺ト云フ寺有リ。此レハ興福寺《こうふくじ》ノ前ノ入唐《にっとう》ノ僧、得一（徳一）菩薩《ぼさつ》ト云フ人ノ建タル寺也」とある。十九世紀初頭に成立した会津藩による地誌『新編 会津風土記』（巻之五十三）によれば、その子院の数は三八〇〇坊におよび、堂塔が甍《いらか》をならべていたという。また、会津四郡のほとんどを寺領とし、その規模は一八万石に相当したともいう。現在、発掘調査が進められ、九世紀前半にさかのぼる金堂《こんどう》、講堂《こうどう》、中門《ちゅうもん》などが出土している（次頁図1参照）。

しかし、中世後期になると、このように偉容を誇った慧日寺も、たび重なる火災や戦乱でしだいに衰えていった。ことに、一五八九（天正十七）年の伊達《だて》氏と葦名《あしな》氏による磨上原《すりあげはら》（磐梯《ばんだい》町と猪苗代《いなわしろ》町の境界付近一帯）の合戦では、金堂を残してことごとく灰燼に帰したという。一六八九（元禄二）年の

図1　慧日寺境内の復元模型（9世紀）

「磐梯山《ばんだいさん》金剛院《こんごういん》恵日寺《えにちじ》御公儀《ごこうぎ》江《へ》指上《さしあげ》候《そうろう》絵図《えず》之《の》下書《したがき》」（次頁図2。個人蔵。以下、「元禄図」とする）に描かれているように、近世にはいるともはや盛時のおもかげはなくなってしまうのである。[1]

　さて、近世以前の慧日寺の姿を伝える資料の一つに、「絹本《けんぽん》著色《ちゃくしょく》慧日寺絵図」（カラー口絵三頁。恵日寺蔵。以下、「慧日寺絵図」とする。六六頁図3はそのトレース図）がある。この絵図は、その裏書（六七頁図4）に「永正八年辛未於高野山《こうやさん》令修覆之」の文言があることから永正古図と通称されているが、一五一一（永正八）年にはすでに修理が必要な状態であったことを考慮すれば、その作製は遅くとも十五世紀、おそらくは室町時代初期にはさかのぼると推定することができる。つまり、この絵図は、盛時の慧日寺の姿を残す時代に作製された現存唯一の絵図ということになる。

　これをみると、金堂をはじめ多数の堂祠《どうし》が建ちならび、門前には僧坊《そうぼう》とも考えられる数多くの建物が櫛比《しっぴ》していることに気づく。また、その周辺には、礎石列《そせきれつ》と思われる図像によって示された寺院跡も散在する。もちろん、これらは慧日寺の伽藍《がらん》を考えていくうえで貴重な資料であり、そこから寺勢

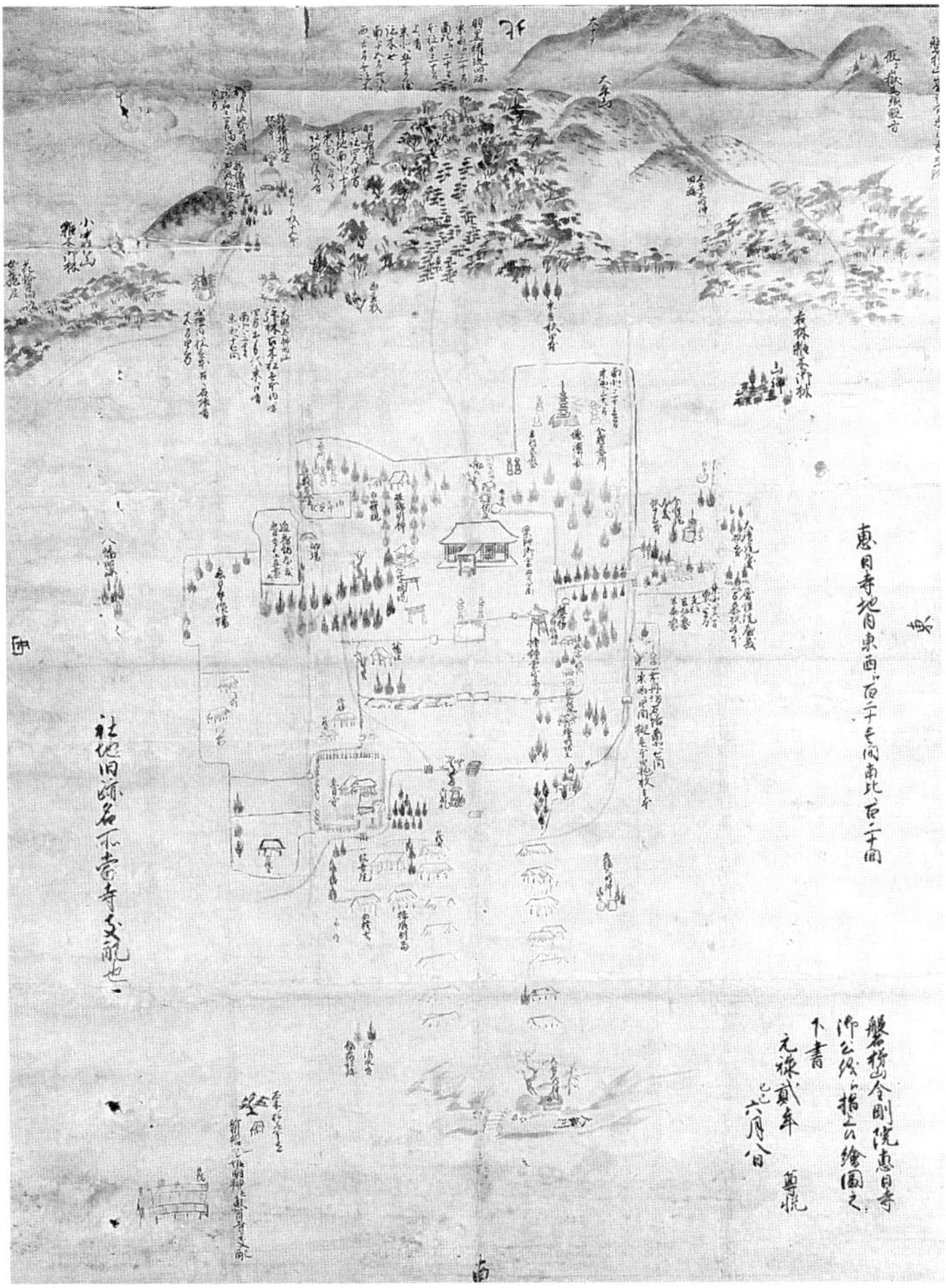

図２　「磐梯山金剛院恵日寺御公儀江指上候絵図之下書」(「元禄図」)　1689年，139.9×107.7cm

図３ 「慧日寺絵図」(トレース図)
①磐梯山 ②小城峯 ③馬頭観音 ④出湯明神 ⑤仏性寺 ⑥上院 ⑦中院 ⑧下院 ⑨圓満寺 ⑩福浄寺 ⑪不動堂 ⑫高幡寺 ⑬法華寺 ⑭正福院 ⑮観音寺 ⑯如法寺 ⑰宇井新寺 ⑱羽黒 ⑲磐梯 ⑳徳一御廟 ㉑白山社 ㉒根本堂 ㉓閼伽井 ㉔金堂 ㉕中門 ㉖仁王門 ㉗阿弥陀堂 ㉘講堂 ㉙南院堂 ㉚戒壇 ㉛八幡 ㉜西院寺，今者号西新寺 ㉝満願寺 ㉞小崎不動 ㉟翁島 ㊱法性寺 ㊲塔山寺 ㊳三宝院 ㊴不動 ㊵新橋 ㊶寺領入倉 ㊷赤枝 ㊸他領 ㊹他領 ㊺熊野権現 ㊻寺領北河沼 ㊼南河沼 ㊽赤呂宮 ㊾寺領藤倉

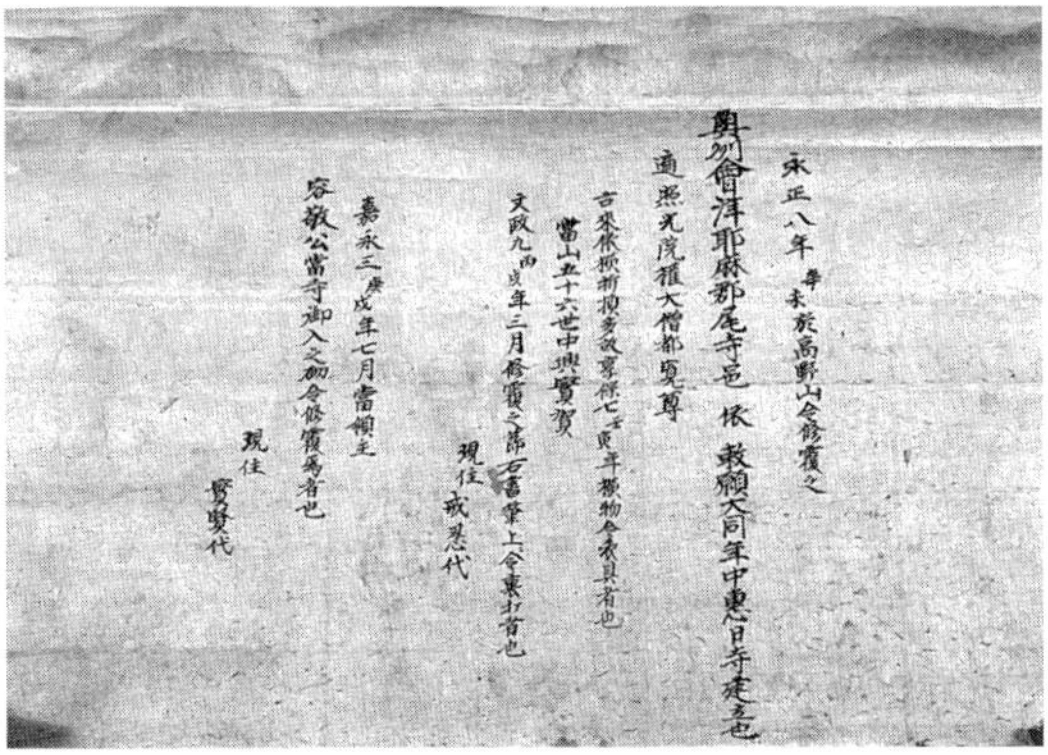

図4　「慧日寺絵図」の裏書

を誇った慧日寺の姿をかいまみることもできよう。しかし、その作製目的が詳細には明らかになっていない現在、かつてあった実際の慧日寺の姿を、この絵図がどの程度描きだしているものなのかは、今後の調査に待たなければならない。

そこで、本稿ではこの点を考慮して、景観復元の目的で堂祠などの個々の建物を検討することはひとまず差しひかえて、「慧日寺絵図」全体にかかわる空間構成のあり方や景観要素の表現の問題と、慧日寺が立地する地理的位置について考察する。詳細は後述するが、「慧日寺絵図」には、慧日寺を中心としておよそ一〇キロ四方におよぶ空間が描かれている。こうした広域の空間は、絵図ではどのように描きだされているのであろうか。また、こうした周辺空間のなかで、慧日寺はどのような位置を占めるものとして描かれているのであろうか。

「慧日寺絵図」における空間の構成と景観の表現

描きだされた空間

「慧日寺絵図」に描きだされた空間の範囲は、絵図の四隅に描かれた地物に注目することでその概

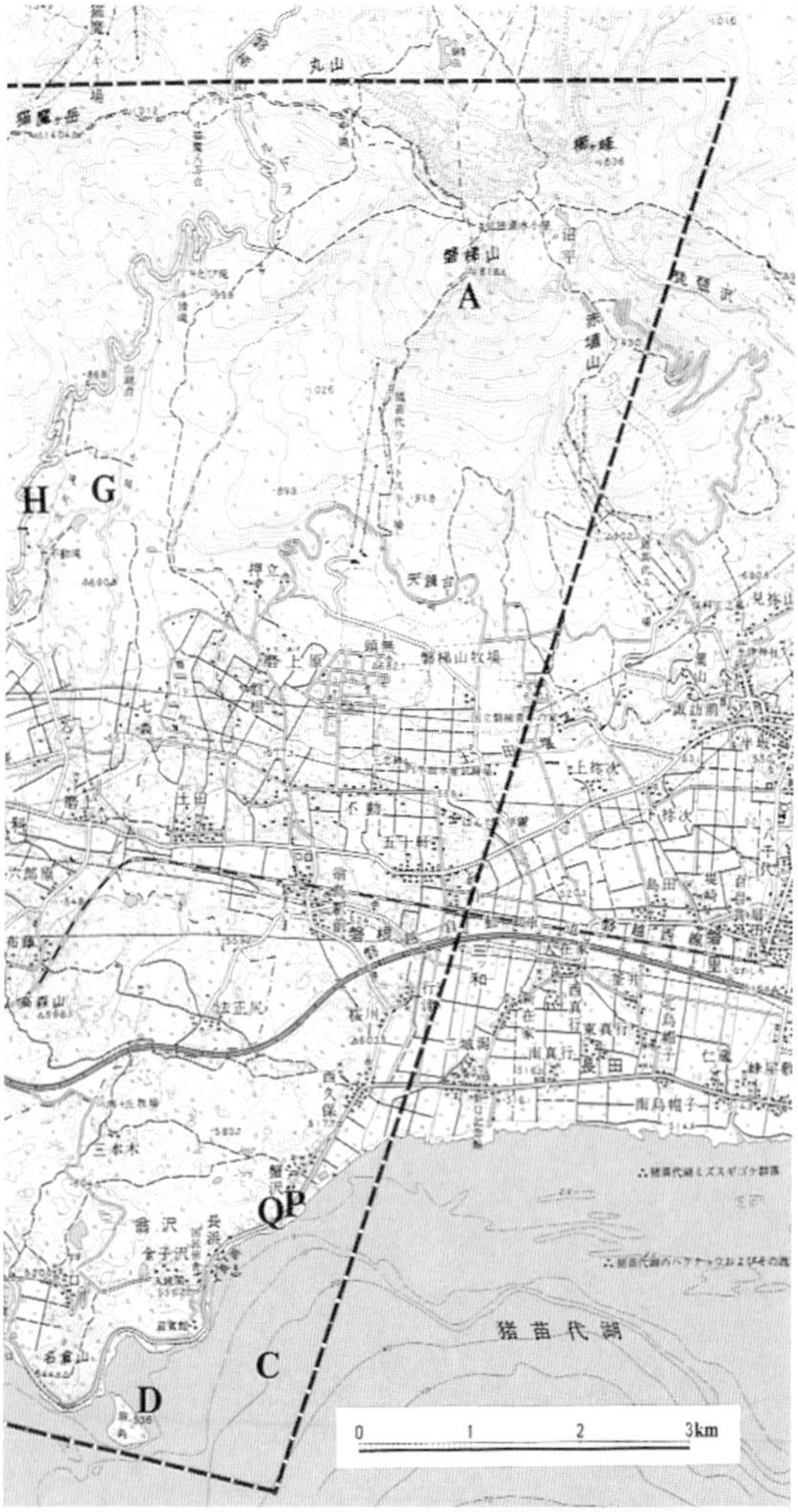

A磐梯山　B小城峯(古城ケ峰)　C猪苗代湖　D翁島　E日橋川　F大谷川　G小屋川　H滝尻川　I祓川　J花川　K牛沢川　L慧日寺　M戒壇　N観音寺　O祓川右岸の小丘(経塚)　P満願寺　Q不動　R不動　S新橋(日橋)　T古日橋　U入倉　V赤枝　W浅野　X赤呂宮(明呂神社)　Y郡山

ベースマップは，国土地理院発行の5万分の1地形図「磐梯山」(1991年修正)と「喜多方」(1997年要部修正)を使用。

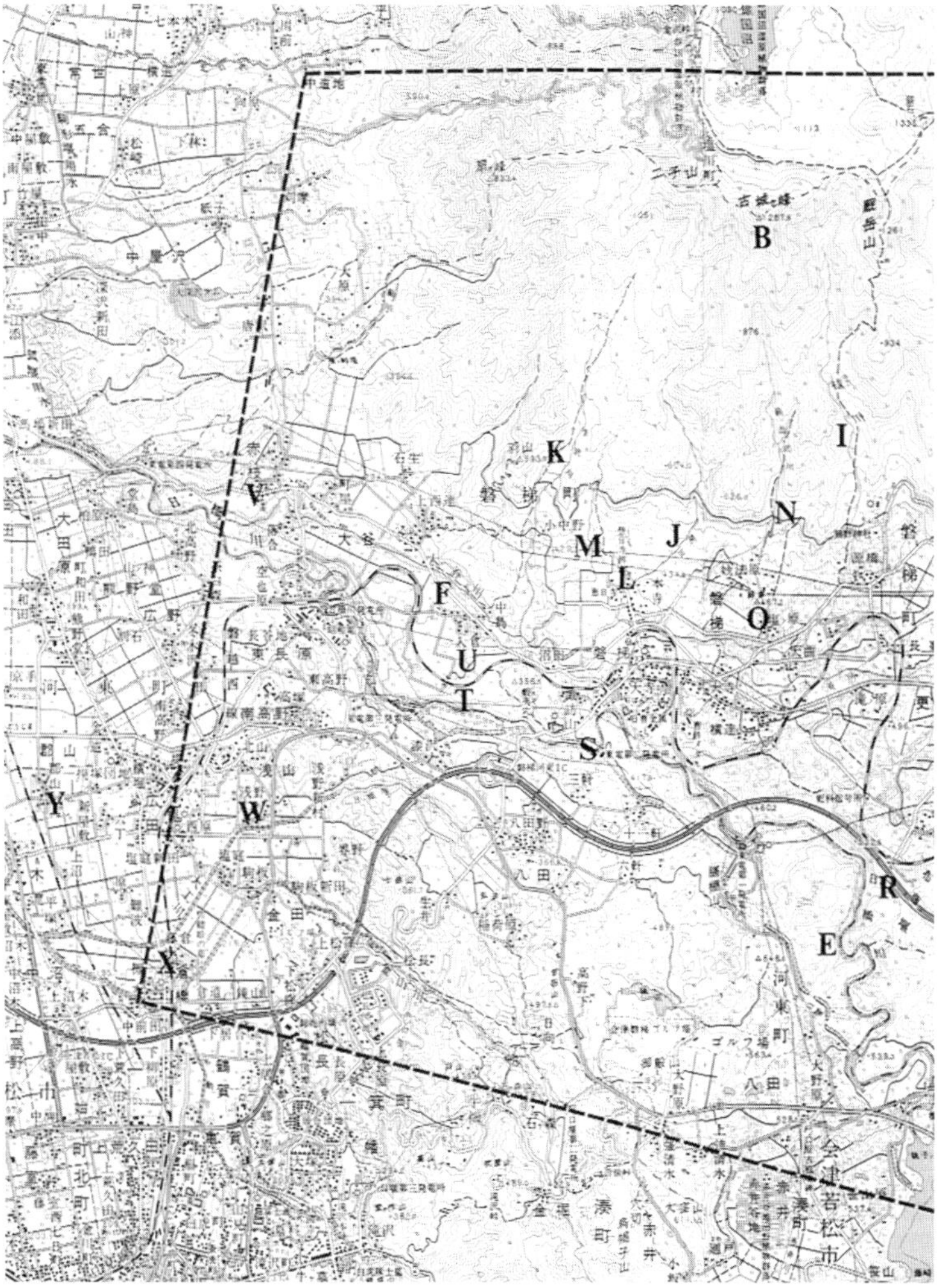

図５　「慧日寺絵図」の現地比定　点線は，「慧日寺絵図」のおよその描出範囲を示す。

略をつかむことができる。まず、絵図の画面右上には、現在では白い胡粉《ごふん》が剝落してみえにくくなってはいるが、三つの峰をもつ白い山が描かれている。[2] これは絵図に注記があるように、会津磐梯山である。また、右下に描かれた水域はいうまでもなく猪苗代湖で、その湖中に描かれた島には「翁島《おきなじま》」と注記されている。さらに、左下には「赤呂宮《あかろのみや》」と注記された社殿と鳥居が描かれている。これは、一二五六（康元元）年に藤倉盛義《ふじくらもりよし》によって勧請されたと伝えられる明呂《あかろ》神社で、室町期の建築になる藤倉二階堂と称される地蔵堂（延命寺《えんめいじ》）の隣接地にある。左上については、やや空白があるがその下には一つの堂舎が描かれている。そこには、「西院寺　今者号西新寺」と注記されているが、これは、現在の磐梯町大字上西連《かみさいれん》（慧日寺より一キロあまり西方）にある西院寺《さいいんじ》であると伝えられている。

さて、これらの四つの地物は、絵図では四隅に配置されているのであるから、それらによって囲まれる空間の形態は、当然ほぼ整形の四角形になる。しかし、これらを現在の地形図に比定した前頁図5でみると、西院寺すなわち西北部分が内側にはいりこんでしまっていて、ゆがんで変形した四角形になっている。これは、絵図の作製過程にそくしていうならば、このような形態をした現実の空間が、「慧日寺絵図」においてはほぼ整形の空間に変換されて再構成されたということにほかならない。

こうした空間の変形ないしは「歪み」ともとれる表現は、これらの四つの地物によって囲まれた空間の内部についても認めることができる。次頁図6、7は、このことをわかりやすく示すためのものである。前者は、現在の地形図をもとに、「慧日寺絵図」の四隅に描かれた四つの地物をそれぞれの記号で示したうえで、建物が密集して描かれている中心部分（中心伽藍）を黒いアミカケによって示

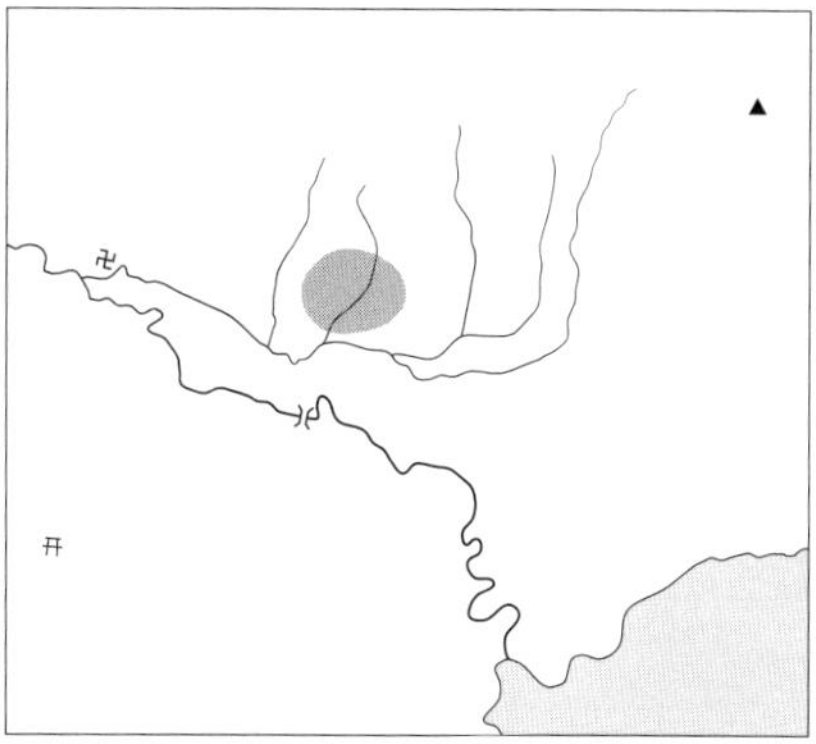

図6　「慧日寺絵図」の概略の比定

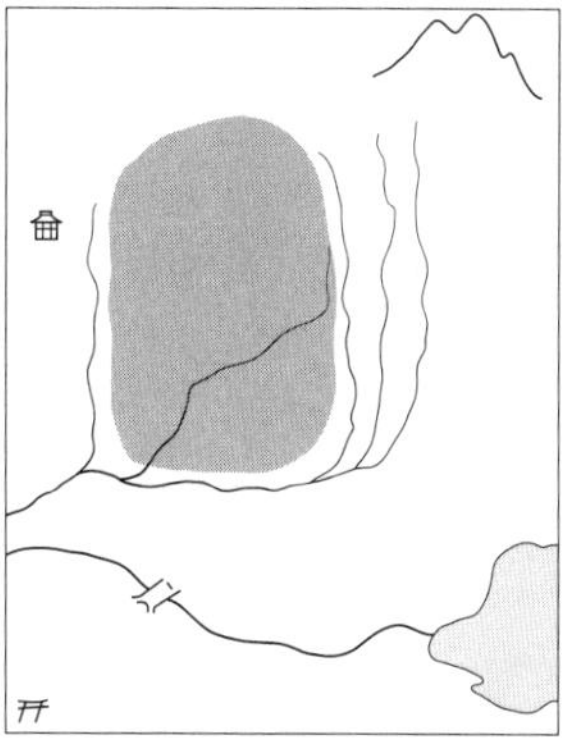

図7　「慧日寺絵図」の骨格

してある。この建物が密集している空間の範囲については、必ずしもあきらかになっているわけではないが、ここではそのおよその推定範囲によって示しておく。これに対して、後者は、いわば絵図そのものの骨格を示したものである。ここでも、前述の四つの地物とともに、黒いアミカケによって慧日寺の中心伽藍を示してある。したがって、この両図に示された黒いアミカケの部分は、同じ範囲を示していることになる。しかし、その両者のあいだには大きさに著しい違いがみられる。つまり、「慧日寺絵図」においては、中心伽藍がかなり拡大されて描かれているのである。

　このことは、諸地物の描写の細かさが、中心部分と周辺部分で大きく異なっていることにも関連する。たとえば、中心部分では、湯釜まで描かれた湯屋《ゆや》（次頁図8参照）を始めとして、金堂や中門など詳細な描写がなされている。一方、周辺部分の建物については、画一的で具象性を欠いた簡略な描写にとどまっている。こうした点からみても、中心部分と周辺部分とでは、描きだされた空間に質的な相違があることがわかる。

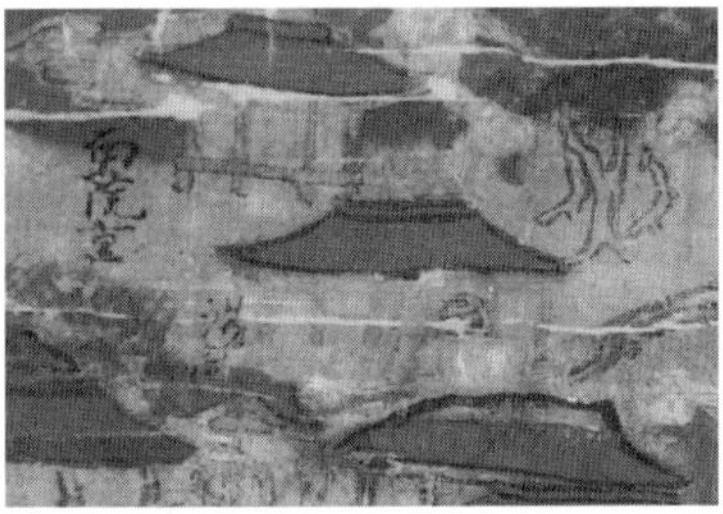

図8　「慧日寺絵図」に描かれた湯屋

以上、「慧日寺絵図」においては、第一に、表現対象である空間が整形の四角形に変形されていること、第二に、中心部分と周辺部分の縮小率を大きくかえていることがわかった。つまり、この絵図に描きだされた空間は、どの方向にも一様な広がりをもつような、均質な空間にはなっていないのである。絵図や地図に再構成される空間が、それに記載されるあらゆる地図記号や図像の位置を決めるためのフレームワークとして機能している点に注目するならば、「慧日寺絵図」に再構成された空間が非均質であることは、この絵図の表現を考えていくうえできわめて大きい意義をもっている。

景観要素の写実性

一方、こうした「歪んだ」空間の描出とは対照的に、個々の地物すなわち景観要素については、写実的な描写がなされていることは見逃すことができない。磐梯山の描写はその好例であろう。前述したように、「慧日寺絵図」では、磐梯山は三つの峰で描かれている。これらの峰は、東から赤埴《あかはに》山、大磐梯、小磐梯である。いま、『新編 会津風土記』をみると、磐梯山を描く二点の図、すなわち「磐梯山図」（巻之四十八。次頁図9）と「川西組地理之図」（巻之五十二。次頁図10）が掲載されている。これらに描かれた磐梯山は、三つの峰によって描写されている点だけではなく、それらの峰の高低や位置関係の点からみても、「慧日寺絵図」における磐梯山の描写と酷似しているといってよい。また、このことは、お雇い外国人として来日したイギリス人の地震学者ジョン＝ミルンの描いたスケッチ「若松からの磐梯山」（次頁図11）でも同様である。つまり、「慧日寺絵図」における磐梯山の描写は、これらの合理的・科学的精神によって描かれた図や絵画と同等の写実性をもっているということがで

図9　「磐梯山図」(『新編　会津風土記』巻之四十八より)

図10　「川西組地理之図」(『新編　会津風土記』巻之五十二より)

きるのである。

ところで、この磐梯山の三つの峰がこうした位置関係でみえるのは、磐梯山を南西方向からみた場合にかぎられる。そのタイトルにあるように、ミルンによる磐梯山の描写はむろんのこと、会津藩の

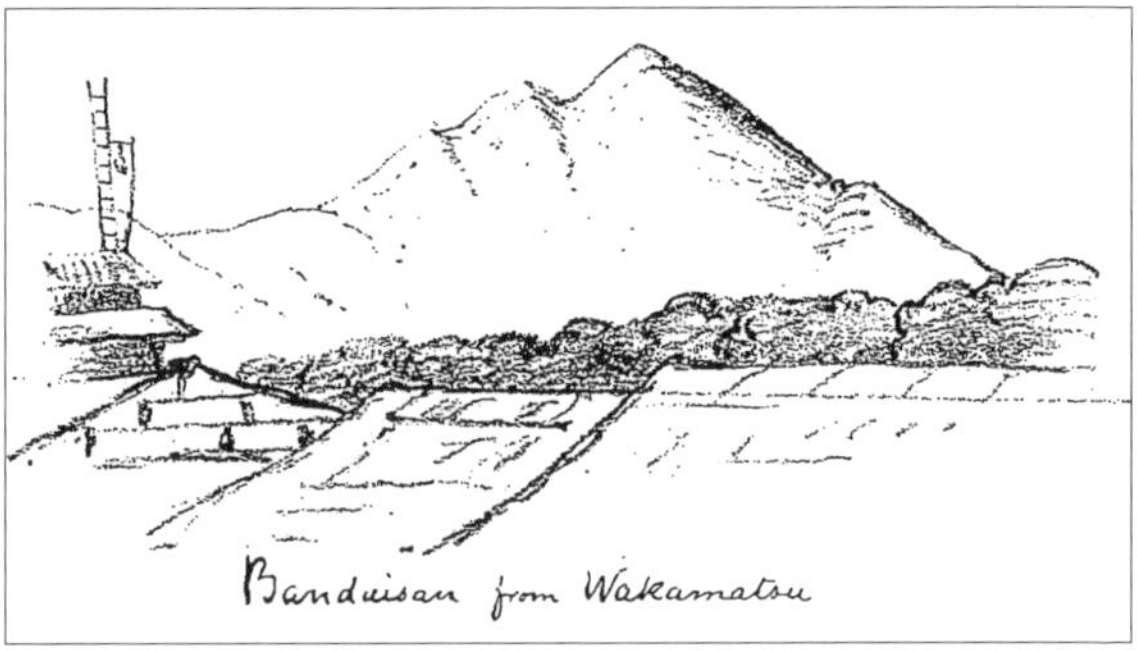

図11　ジョン＝ミルンのスケッチ「若松からの磐梯山」（“The Volcanoes of Japan”より）

図12　慧日寺跡から北の山をのぞむ

地誌である『新編 会津風土記』における描写が、会津若松からみたものであることは当然であろう。とすれば、この絵図の磐梯山も、この視線からみて描かれたものと考えて間違いあるまい。その場合、慧日寺の中心伽藍付近からみたものと解釈するのがもっとも妥当であろう。なお、小磐梯は一八八八（明治二十一）年七月十五日の大爆発で山体のおよそ三分の一が崩壊したため、今ではこの三峰からなる磐梯山をのぞむことはできない。

こうした写実性は、磐梯山の描写以外にも見出すことができる。絵図の中心伽藍のすぐ北側の、「小城峯」の手前に描かれた山がそれである。慧日寺の中心伽藍に立って北に目をむけると、絵図に描写された形に似た山稜線をみることができる（図12）。つまり、慧日寺の中心伽藍からみえたままに描いているのである。また、この写実性が諸地物を具象的に表現することに基づくとすれば、本稿での検討対象ではないので詳細には論じないけれども、慧日寺の中心伽藍に描かれた建物のうちのいくつかは、「写実的」に描かれた可能性が高いといえよう。

「慧日寺絵図」にみる慧日寺の地理的位置

慧日寺と地形

前節では、描きだされた空間や景観表現の特徴など、「慧日寺絵図」自体について検討したが、本節では、「慧日寺絵図」に描きこまれた情報を読みとくことによって、中世慧日寺の姿の一端をさぐることにしよう。そこで、まず、現地と絵図との対応関係が比較的把握しやすい自然環境、とりわけ地形と湧泉に注目して、慧日寺の地理的位置について検討する。つぎに、自然環境に対する社会環境の一つとして交通を取りあげ、交通路からみた慧日寺について考える。

さて、前述のように、「慧日寺絵図」の画面右上には、ひときわ聳え立つ白い秀麗な山が描かれている。天にかける磐《いわ》の梯《かけはし》と形容するにふさわしい姿のその山は、いうまでもなく磐梯山である。この山は、会津の人びとから宝の山とあがめられ、また会津を象徴するともいわれているが、同時に慧日寺にとっても重要な意味をもっている。

そもそも慧日寺は磐梯山を山号とし、磐梯明神を守護神としている。「慧日寺絵図」をみても、その境内の最奥部に「磐梯社」が勧請されていることがわかる。また、一二五七（正嘉元）年に撰述された『私聚百因縁集《しじゅひゃくいんねんしゅう》』巻第七（『大日本仏教全書』第一四八冊）には、慧日寺が磐梯山麓に建立されたことがことさらに記されているし、十五世紀なかばの『神明鏡《しんめいきょう》』上（『続群書類従』第二九輯上）には、磐梯明神を鎮守《ちんじゅ》とするとある。さらに、一六六五（寛文五）年の成立とされる「陸奥国会津河沼郡慧日寺縁起」（五来重編『修験道史料集〔Ⅰ〕東日本篇』名著出版、一九八三年。以下、「慧日寺縁起」とする）によれば、空海《くうかい》が磐梯山の鬼魅《きみ》を降伏させたのち、その山中に慧日寺の選地がなされたという[3]。いずれも、磐梯山と慧日寺との関係の深さを物語っているといえよう。

しかし、こうした宗教的なつながりのほかにも、両者は強い関連をもっている。ここでは、磐梯山と慧日寺の関係について、別の観点からみてみよう。

さて、磐梯山の火山活動は、慧日寺周辺の地形形成に多大の影響をあたえた。たとえば、猪苗代湖北西岸の翁島丘陵群は大小の岩塊からなるが、これは更新世《こうしんせい》後期の噴火で流出したとされる泥流によるものである。「慧日寺絵図」の下方に描かれた山々や猪苗代湖に浮かぶ翁島がそれだ。その後、この泥流は猪苗代湖から流出する日橋《にっぱし》川によって下方浸食され、深い谷がきざまれることになる。そのため、日橋川は、一八〇三（享和三）年の「大寺村《おおでらむら》地志《ちし》扁集《へんしゅう》」（『磐梯町史近世資料Ⅰ』）に「流白浪ヲ打、ふち場多ク歩渡り相不成」とあるように、渡河の困難な河川となっていたのである。

ところで、「慧日寺絵図」をみると、この川には朱塗りの欄干《らんかん》をもつ「新橋」（のちに日橋と改められる）がかけられている。この橋は、境内の中心部の近くを流れる花川や大谷川にかかる橋とともに、「慧日寺の三橋」（『新編　会津風土記』巻之五十三）と称され、慧日寺の聖域へははいるための一の橋、いわば正面入口にあたる重要な橋であった。

図13　旧日橋の橋脚石

では、その架橋地点はどのように選ばれたのであろうか。それを推定する場合、近世の日橋の架橋地点は大変興味深い。『新編　会津風土記』巻之五十三をみると、「此川急流なれば柱を建べからず、中流に大石あり、其上にあまたの柱を建て梁をうけしむ」とある。つまり、「土津《はにつ》神社道中絵図」（『磐梯町史』）にも描かれているように、川中にある自然の

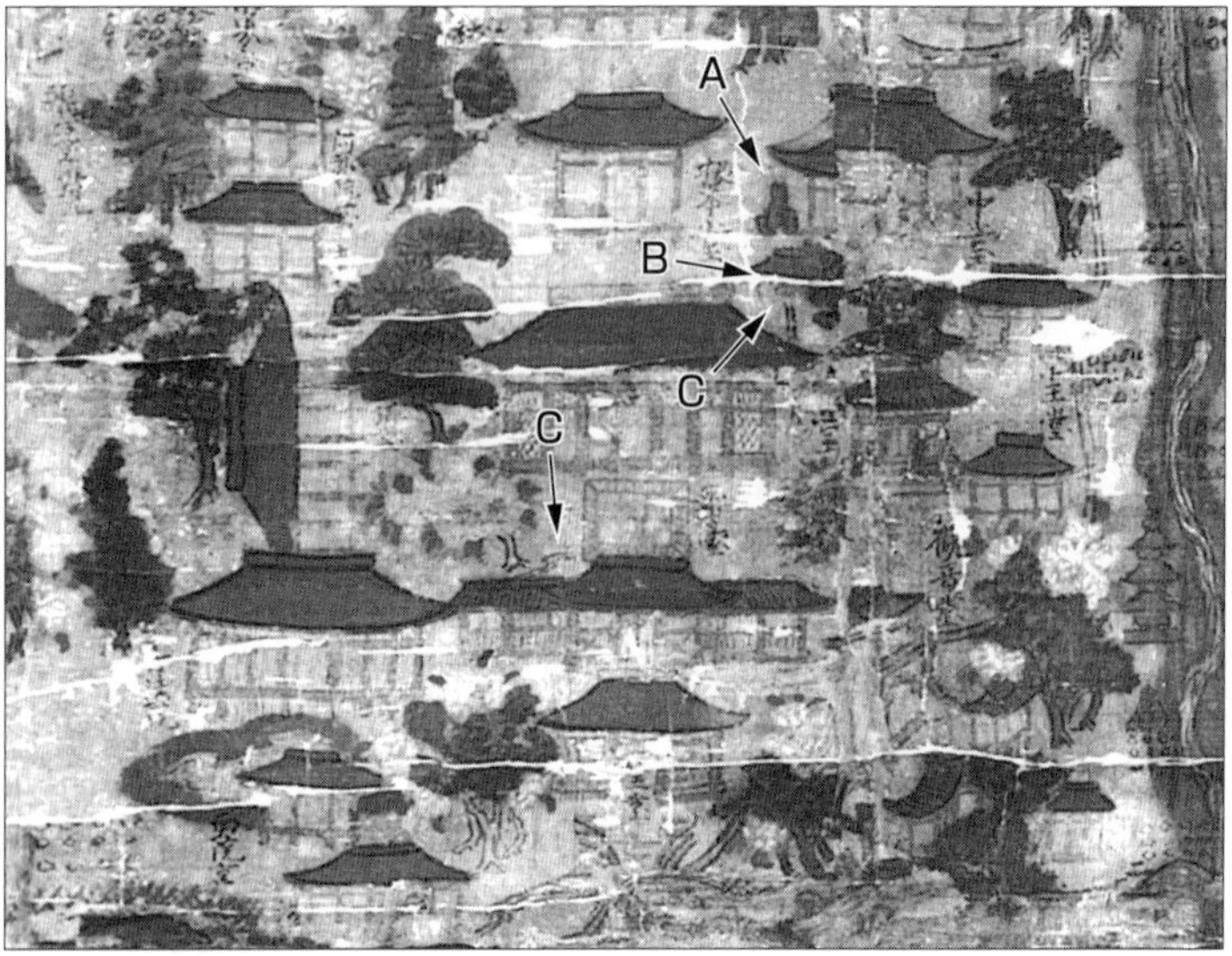

図14　「慧日寺絵図」の閼伽井周辺と水路　A＝藤の木，B＝閼伽井，C＝水路

巨石を橋脚として利用しているのである。いわば天然の架橋ポイントといえよう。架橋条件の厳しい日橋川にあっては、その地点こそは、近世以前においても数少ない絶好の架橋ポイントであったに違いない[4]。とすれば、この深い谷をなす急流への架橋ポイントが、慧日寺の正面入口の成立に大きくかかわっていたことになる。なお、現在、この巨石には金比羅がまつられており、信仰の対象ともなっている（七七頁図13参照）。

慧日寺と湧泉

火山としての磐梯山が慧日寺の立地に関係している例をもう一つあげよう。一般に、火山では、何層にも堆積した噴出物がそれぞれの性質によって帯水層や不透水層となってたがいに重なりあっている。そのため、火山麓

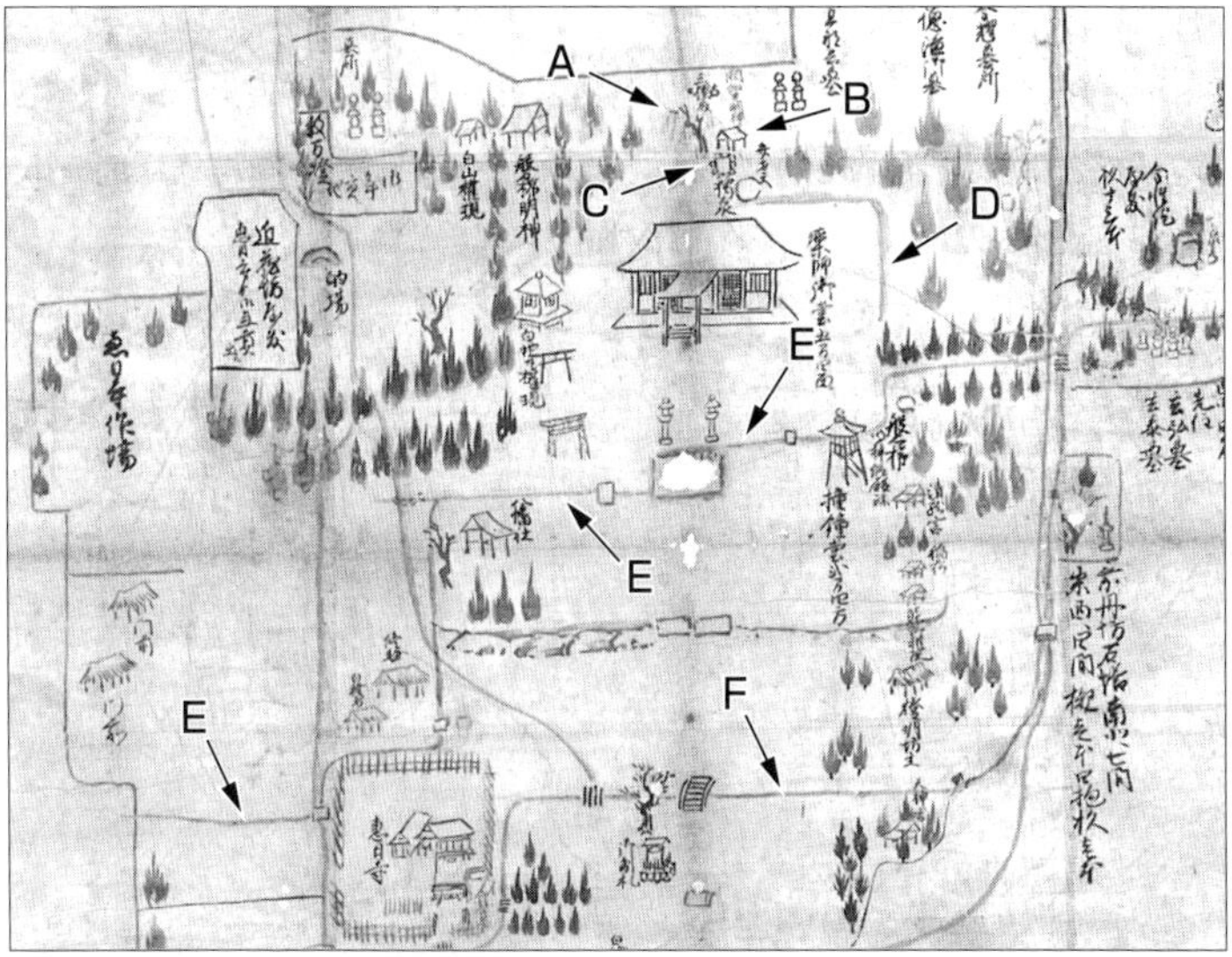

図15　「元禄図」の独古水周辺と水路　A＝藤の木(三独／古藤)，B＝閼伽井明神，C＝独古水，D＝溝(藍の着色なし)，E＝花川から取水された水路(藍の着色あり)，F＝花川

には湧泉が発達することが少なくない。磐梯山や猫魔《ねこま》ヶ岳《がたけ》などのある慧日寺周辺にも多くの湧泉があり、「大寺村地志扁集」も、梵字清水や独鈷《とっこ》清水など八つの湧泉をあげている。

さて、「慧日寺縁起」によると、磐梯山の鬼魅を降伏させた空海《くうかい》は、三鈷杵《さんこしょ》を投げてそれが落ちた地に慧日寺を開いたという。その三鈷杵が落ちたのが磐梯山麓にあった藤の木で、「慧日寺絵図」にも境内の中央近くに古木として描かれているし（図14）、「元禄図《げんろくず》」にもその名とともに枝垂《しだ》れた一本の木が描かれている（図15）。この藤の木の下には、空海が修法に使ったという閼伽井《あかい》があり、現地でも井戸跡として確認されている。いうまでもなく火山麓の湧泉の一つとみてよいだろう。つまり、この湧泉は慧日寺の草創に深くかかわっているとされているのである。

ところで、「慧日寺絵図」をよくみると、「閼伽井」と注記されて屋根におおわれた小さな池が描かれている。また、そこから一本の水路が流れでて、「舞臺」の下を通過し「南院堂」へとむかっていることもわかる。一方、「元禄図」では「閼伽井明神」と「独古水」が描かれてはいるが、そこから水は流れでていない。たしかに、そこには溝は描かれてはいるが藍の彩色はなく、流水はなかったかきわめて少なかったとみなければなるまい。この段階では、「舞臺」を通過する水路の水は、閼伽井にかえて花川から取水されている。また、この水路が寺外へと流れでている点も、「慧日寺絵図」との大きな相違であろう。

二葉の絵図におけるこのような水路の違いは、どのように考えたらよいであろうか。一つは、環境変化つまり閼伽井の枯渇ないし水量の減少が考えられる。しかし、それだけでは花川からの取水には至るまい。そこで、この環境変化の可能性に加えて、もう一つ考えられるのは、水需要の増大である。とりわけ、「元禄図」において水路が寺外に流出していることに注目すれば、寺外での利用、具体的には灌漑などへの利用があったとみるべきではあるまいか。事実、十七世紀なかばごろの慧日寺の周辺では、土津神社の神料田《しんりょうでん》などのように、新田の開発が進みつつあったのである。

近世になると、慧日寺は衰退し境内も荒廃していた。かつての聖域はくずれ、世俗的な利用も進む。閼伽井から流れでる聖なる水から、灌漑として利用される世俗的な水へ――この水利用の変化も、こうした宗教空間の変質と関連していないだろうか。二葉の絵図における水路の相違は、慧日寺における中世から近世への変化の一つの姿とみることができるだろう。

慧日寺と交通路

猪苗代湖から流れでた日橋川は、栃木県境に近い荒海《あらかい》山に発した大川と合流して阿賀《あが》川となり、新潟県にはいるとその名を阿賀野《あがの》川とかえて日本海にそそぐ。現在、日橋川とよばれるのは、このうちの猪苗代湖から大川合流までである。しかし、『新編 会津風土記』（巻之四十八）には、

此川に五の小名あり、戸口《とのくち》村の辺を戸口川と云、大寺村の辺に至り日橋川と云、赤枝《あかえだ》村より下を堂島《どうじま》川と云、鶴沼《つるぬま》川に合して大川となり、只見《ただみ》川に合してより揚《あが》川と云、凡てこれを日橋川と云、耶麻河沼《やまかわぬま》二郡の間を流れ、曲折数廻なれども大抵東より西に流る、封内の諸流皆これに会す、封内第一の大河にて、所謂会津川なり

とある。これによれば、近世には越後《えちご》国境までも日橋川と呼称し、またそれには会津川という別称もあったという。つまり、日橋川は会津を代表する川で、阿賀野川の本流とも考えられていたのである。

この地域空間の認識にしたがえば、猪苗代湖は日本海にそそぐ阿賀野川の最奥部と考えられていたことになる。磐梯山が東北日本の脊梁をなす奥羽《おうう》山脈の最南端部の一角を占め、猪苗代湖が日本海側の最奥部に位置するとすれば、その両者に近い地域は、日本海側の阿賀野川流域と太平洋側の阿武隈《あぶくま》川流域との接点となる。『古事記』（崇神《すじん》天皇条）によれば、高志道《こしのみち》を進んできた大毘古命《おおびこのみこと》と東方十二道を進んできた建沼河別命《たけぬなかわわけのみこと》とが会津で出会ったため、そこを「相津《あいづ》」といったという。この地名起

源伝承は、会津のこうした地理的位置を端的に示しているといえよう。慧日寺は、まさにこうした会津の、さらにその境界地帯に位置していたのである。

ところで、「慧日寺絵図」には、その門前（鳥居前）を東西に走る道路が描かれている。これは、西の阿賀野川流域と東の阿武隈川流域とを結ぶ幹線の一つであったとみてよい。それを東にむかえば、猪苗代湖北岸の平野を経て阿武隈川流域に至ることはいうまでもあるまい。この道は、近世には若松城下から奥州《おうしゅう》道中に至る主要ルート（二本松街道）であった。

では、西はどうだろうか。これには、赤枝にむかう道と新橋（日橋）を渡る道とがある。このうち後者は、日橋の南詰あるいは熊野権現《くまのごんげん》（浅野付近か）付近で二俣に分かれる。一つは藤倉（河東《かわひがし》町倉橋《くらはし》）の赤呂宮（現明呂神社）へむかい、おそらくは黒川（のちの若松）方面に至ると考えられる。もう一つは真西にほぼ直進する。絵図の表現範囲外になるが、その道をそのまま延長すると、郡家《ぐうけ》推定地の郡山《こおりやま》（河東町）、徳一開基で九世紀初期の薬師如来像《やくしにょらいぞう》（国宝）などのある勝常寺《しょうじょうじ》（湯川《ゆがわ》村）、塔寺《とうでら》八幡（会津坂下《ばんげ》町）などを通過して会津盆地を東西に横切り、阿賀野川の水運と交錯しながら越後へと至る重要ルートにつながる。いずれも、会津盆地の要地に至るといえよう。

このようにみてくると、慧日寺が水陸の交通の要衝に立地していたことがわかる。とりわけ、前述のように他所にかけがえのない地点にかけられた日橋は、これらの道が収束する地点である。こうした日橋を正面入口に一の橋としてもつ慧日寺の交通路上の意義は、きわめて大きいといわなければならない。

以上、「慧日寺絵図」を手がかりとして、慧日寺の立地環境についてみてきた。もとより、この絵図の読解によって導かれる歴史像はこれにとどまらない。今後、発掘調査が進み、慧日寺の堂塔伽藍の現実の姿があきらかになれば、この絵図に埋め込まれた情報の重要性はますます高まってくるだろう。

おわりに

本稿では、「慧日寺絵図」を取りあげ、まず、その空間構成や景観表現の特徴について検討し、続いて絵図を読解することによって、慧日寺の地理的位置について考察してきた。前者は、絵図そのものを対象としたものであり、いわば絵図の本質論といえよう。一方、後者は、絵図に描き込まれた情報から当該の地域像や歴史像を解明するという、いわば絵図の応用論ということができよう。本質論なくして応用論は成立しないし、応用論なくしては絵図に埋め込まれた豊かな情報を死蔵することになってしまう。相互の連携を視野にいれつつ、絵図の研究が進展していくことがのぞまれる。

(1) 現在の恵日寺は、この絵図に描かれた「恵日寺」が明治の神仏分離で廃絶したあとに、その下に描かれている観音院がこの本坊にはいって法灯をついだものである。
(2) 現在は、胡粉の下に描かれていたと思われる墨線がみえている。
(3) この縁起のように慧日寺の開山を空海とする伝承もみられる。

（4）この地点より約一・五キロ下流に、字「古日橋」がある。近世以前の日橋の架橋地点をそこに推定する説もあるが、慧日寺との位置関係を考慮すれば、やや無理があるといわなければならない。

参考文献

磐梯町教育委員会編『磐梯町史』（磐梯町、一九八五年）。

安田初雄「絹本著色恵日寺絵図の歴史地理的考察」（『福島大学教育学部論集　社会科学部門』第五六号、一九九四年）。

中世日吉社における神仏関係とその背景

黒田龍二

はじめに

さきに、吉井氏から神社と寺院の関係をすっきりと整理された報告があったが、私の報告は、そう簡単にはいかない、そんなきれいに説明できるものではないという内容である。神仏習合《しんぶつしゅうごう》というのは単純にいえば神と仏が一緒になる、すなわち違うものが一緒になるというとらえ方で、それは明治の神仏分離を経た現在のわれわれの感じ方が多分に反映された見方であるといえる。それに対して、ここでは中世における実態、内容を検討することによって当時の考え方、感じ方に迫ってみたい。

中世の日吉社

延暦寺と日吉社

平安時代から中世にかけて、日吉社《ひえしゃ》は日本最大の神社であったといってよい。日吉社は、今、日吉《ひよし》大社《たいしゃ》といい、滋賀県大津《おおつ》市の坂本《さかもと》にある。比叡山延暦寺《ひえいざんえんりゃくじ》の琵琶湖側である。平安時代の終わりに権

勢をふるった白河院《しらかわいん》が、自分の意のままにならないものとして、賀茂《かも》川の水、双六《すごろく》の賽《さい》、山法師《やまほうし》の三つをあげて、賀茂川の洪水や双六のサイコロと同じくらい、自分のいうことを聞かない山法師つまり延暦寺を憎んでいる。延暦寺は全国に荘園《しょうえん》をもち、多数の僧兵を擁し、日本の政治を左右する権力をもった巨大権門《けんもん》寺院で、院《いん》や朝廷《ちょうてい》の命令にしたがわない。荘園の領地争いなどで、延暦寺側に不利な裁定がくだったりすると、比叡山の僧侶は大挙して日吉社の神輿《しんよ》をかついで京都にはいってきて、延暦寺側の要求を鎮守《ちんじゅ》である日吉の神の神意として誇示する。それは要求がとおらないと神罰がくだるという脅しを含む強引な要求なので、強訴《ごうそ》という。このことも延暦寺と日吉社は一体であることを示している。この日吉社を中心にすえて話をしたい。

日吉社における神仏関係の第一点は延暦寺の鎮

図１　「山王宮曼荼羅」(部分)

守社であったことである。山王祭《さんのうさい》は日吉社の最大の祭りであるが、現在の山王祭でも天台座主《てんだいざす》すなわち延暦寺の最高責任者であり、日本天台宗の最高位の僧侶が日吉の神に奉幣《ほうべい》を行うという次第がある。

本地垂迹

つぎに中世には神仏を本地垂迹《ほんじすいじゃく》の関係でとらえるのが一般的な考え方であった。日吉社における本地垂迹の関係を明晰に示したものが、奈良国立博物館蔵の『山王宮曼荼羅《さんのうみやまんだら》』（口絵五頁下）である。本地垂迹とはつぎのようなことである。仏教の教えは大変深遠で日本の民衆には理解しづらいものである。そこで、仏は日本の神の姿を借りてあらわれ、仏教の教えを日本人に親しみやすく、わかりやすく説いている。そのときの仏のことを本地あるいは本地仏といい、日本の神となってあらわれることを垂迹という。この『山王宮曼荼羅』は、大きく描かれた日吉社の社頭景観の上に、神と仏がずらりとならんでいて、それぞれの社にまつられる神々の説明になっている。日吉社にはたくさんの神々がおられるが、その中心は山王二十一社で、上七社、中七社、下七社に分かれる。八六・八七頁に掲げた部分写真は二十一社の本地垂迹の関係を示している。図は上下三段に分かれていて、一番下が神の姿で垂迹形、中段は仏の姿で本地仏、最上段はさらに仏を象徴的にあらわす種字を書いている。また絵像だけでは神、仏の名前がわからないのですべて名前が書いてあり、それぞれ上下に関係がつけられている。下段中央の神は日吉社の中心である大宮（現西本宮）で、その姿は僧形《そうぎょう》で描かれている。その上に釈迦《しゃか》の絵があるので、大宮の本地は釈迦如来であることがわかる。日吉社の第二位の神である二宮（現東本宮）も僧形で、本地は薬師如来《やくしにょらい》、これは延暦寺根本中堂《こんぽんちゅうどう》の本尊にあたる。第三位の神である聖真子《しょうしんし》（現宇佐宮《うさぐう》）も僧形で、本地は阿弥陀《あみだ》如来である。神々の姿は多様で、このほかに衣冠束帯《いかんそくたい》の俗形《ぞくぎょう》の神、和装の女性、童子、和装で顔が猿の神、動物姿の牛もいる。上位から三柱《みはしら》の神を山王三聖《さんせい》というが、それが出家した僧侶の姿で描かれていることに注意したい。日本の神はすでに出家しているわけで、明治の神仏分離以後形成された神の概念とは大きく隔たっているといわなければならない。

民衆にしても貴族にしても、実際に日吉社に参詣して俗人がみることのできるのは、社殿だけで、御神体をみることはまずなかったと思われる。そして日吉社には一〇〇を超す境内社《けいだいしゃ》があったので、どこにどのような神がいるのかを知るだけでも大変である。しかしこの宮曼荼羅を前にすると、秀麗な八王子山《はちおうじやま》とその麓の自然のなかに展開する社殿群の奥に、神々の世界、仏の世界が深く存在することが実感できる。

さて、日吉社の本殿の使い方は他に類をみない特殊なもので、床下に部屋がある。床下の部屋は下《げ》殿《でん》とよばれていて、建築的にしっかりとつくられている（図2）。江戸時代には床上の内陣には神をまつり、下殿には本地仏をまつっていたことがわかっている。内陣《ないじん》に神をまつることは中世、そして古代にさかのぼるであろうと思われるが、中世における下殿の状況は漠然としかわからない。江戸時代の神仏のまつり方は、最初に言及した神仏習合の考え方、あるいはそのつぎに紹介した本地垂迹の考え方で理解できるものだが、中世の状況はどのようなものだったのであろうか。

図2　日吉大社西本宮（旧大宮）下殿　天正14（1586）年再建。

床下参籠

北野社参詣曼荼羅

そのきっかけとして初めにふれたいのが、「北野社《きたのしゃ》参詣曼荼羅」の一場面である（図3。全体図は口絵四頁参照）。北野社は京都にある北野天満宮《てんまんぐう》のことで、この絵はその境内を描いたものである。制作年代にはいくつかの説があり、江戸時代にくだるという見方もあるが、私は室町時代のものと思っている。この場面は、南から北にむかう参道沿いの境内社の一つを描いたものである。床下が吹放しの小さな本殿で、「松童八幡《しょうどうはちまん》、弥陀」と書いてある。これはその社殿にまつられる神をあらわしたもので、八幡は宇佐八幡とか石清水《いわしみず》八幡とかの八幡であり、松童は八幡神の眷属《けんぞく》神である高良《こうら》明神に仕える暴れ者の神である。書き込みはその松童神を松童八幡とよんでおり、本地垂迹説による本地仏は阿弥陀如来であるという意味になる。さて問題は、その本殿の床下にきれいな女性がうずくまっていることである。大変せまい場所に不自由な姿勢でかがみこんでいるから、単なる参拝とか、休息とか、そういうわれわれにも理解可能な理由で窮屈な姿勢をとっているわけではないといえる。これは一体なにをしているのか。

図3　「北野社参詣曼荼羅」(部分)

『平家物語』にみえる日吉社の下殿——願立・得長寿院供養事

この問題をとく鍵は、『平家物語』、説経《せっきょう》、御伽草子《おとぎぞうし》など、民間ではやった文芸作品のなかにある。

一つ目は『平家物語』のなかの「願立《がんだて》」という説話である。話の設定は嘉保二（一〇九五）年で、病に臥す後二条関白師通《ごにじょうかんぱくもろみち》の平癒を祈り、北政所《きたのまんどころ》は日吉社に七日間籠もって願を立てた。もし願いがかなったあかつきにはそのお礼として神仏に対していろいろのことをいたします、ということのなかに、「もし願いがかないましたら、下殿にいるもろもろの『片輪』の人にまじわって、千日のあいだ、朝夕宮仕えいたしましょう」というのがある。この下殿は先述のように、今の日吉大社の本殿にも同様によばれる場所があり、それは本殿の床下である。だから『平家物語』の時代にも現在と同じ形態であったとはいえないが、とにかく下殿は本殿の床下であることは間違いない。つまり本殿床下には日常的に「もろもろの片輪の人」がいるという状況があって、そこにこの高貴な女性もまじわって千日間神さまに奉仕いたしましょうといっている。下殿にいる人びとは宮籠《みやごもり》とよばれ、ほかに「乞食、非人」もまじっていると書かれている。第一級の貴族である北政所と日吉社の下殿の宮籠との落差の大きさは、願立がいかに捨て身の姿勢で行われたかということの表現である。また、そのことが聞き手に理解されると考えられていたことは、そのような日吉社の状況は『平家物語』の聴衆によく知られた事柄だったことをも示している。『平家物語』は琵琶盲僧が語り伝えたもので、彼らもまた下殿参籠の当事者であっただろう。

『平家物語』にもう一つ「得長寿院供養事《とくちょうじゅいんくようのこと》」という説話がある。得長寿院は鳥羽院の御願になる格の高い寺院で、その寺の供養、つまり竣工式を執行する僧侶に関する説話である。史実は天台座主権大僧正忠尋《ごんのだいそうじょうちゅうじん》を導師に迎えて長承元（一一三二）年に供養された。この説話では忠尋は供養導師の依頼を辞退し、日吉社の下級の老僧が導師をつとめたという話になっている。老僧は、じつは日吉二宮（現東本宮）の本地、延暦寺根本中堂本尊の薬師如来で、供養がおわると虚空《こくう》に飛び去っていったという。『平家物語』は数多くの異本があるが、そのなかの延慶本《えんぎょうぼん》には法皇《ほうおう》が老僧に居場所をたずねると、「僧が申すに、今は坂本の地主権現《じしゅごんげん》（現東本宮）の大床の下におりまして、ときどき庭草をむしっております」と答えたとある。法皇が使いのものに老僧のあとを追わせてみると、「本当に地主権現の大床の下にはいっていきました。その居所のありさまは筵を回りにかけまわし、阿弥陀三尊の絵像をかけ、香をたき、散華《さんげ》を行っていました」という報告であった。

服部英雄氏の「小栗街道・灰坂峠越えから―いまひとすじの熊野道―」（『歴博』一〇八号、国立歴史民俗博物館、二〇〇一年九月）に興味深い聞き取りがある。熊野は本宮《ほんぐう》、新宮《しんぐう》、那智《なち》の三社が一体となった聖地で、蟻《あり》の熊野詣《くまのもうで》といわれるように、平安時代以降、皇族、貴族を始めとして多数の人びとが熊野にむかった。熊野は貴賤上下を区別しない聖地であり、熊野にむかう人びとのなかにはライ病患者がいたことが知られている。有名な説経「をぐり」では餓鬼の姿で蘇生した小栗判官《おぐりはんがん》が土車で引かれて熊野にむかい、湯の峰の湯につかることによってもとの体に戻るが、それはそのような信仰を背景にしたものであろう。小栗判官がとおったという伝説の道は小栗街道という。小栗街道の和歌山県田辺《たなべ》市近くに灰坂《はいさか》峠というところがあり、話し手がまだ子供のころ、その近くの神社に昭和十（一九三五）年より少し前、足がだめになってひざから下を引きずって手で移動する人が来た。その人は、拝殿の床下に一晩泊めてほしい、そして草取りや掃除をさせてほしい、そのかわりにお粥をめぐんでほしいといったので、そのようにしてあげたということである。『平家物語』の記述と数百年のときを隔てて、なにかぴったりと合致するものが感じられて、私はいたく感動を覚えた。手で体を引きずるようにして、延々と熊野にむかうわけだが、考えてみれば、そのような人にできる奉仕として、庭草取り、掃除はもっとも一般的なことである。そして、今詳しく述べないが、掃除という行為は、中世非人の職掌であるキヨメと深く関係していた（丹生谷哲一『検非違使』平凡社、一九八六年）。つまり「得長寿院供養事」の老僧の庭草むしりは、このようなもろもろの下層民の世界のイメージを含むものなのであった。

床下籠りの霊験

説経『しんとく丸』では、主人公のしんとく丸は継母の呪いをうけて、盲目となり、ライ病となって四天王寺《してんのうじ》にすてられる。清水の観音のお告げにより、しんとく丸は熊野にむかうが、その途中でそれとは知らずに許婚《いいなずけ》の乙姫の家で物乞いをしてしまい、嘲笑されてしまう。この恥によってもはや死を覚悟して熊野行きをあきらめたしんとく丸は、四天王寺引声堂《いんぜいどう》の背面の縁下にはいって飢え死にを待つが、そこであとを追ってきた乙姫に発見され、しんとく丸の運命は大きく展開する。

御伽草子『うばかは』でも、継母にいじめられた姫君は家をでてさまよい歩き、尾張《おわり》の甚目寺《じもくじ》の縁下に籠もる。そこで観音から近江《おうみ》の国の武士を訪ねるようにお告げをうけ、道中身をまもるためにそれを着ると美しい姫が醜い姥にみえるうばかわをさずかる。そうして、姫の運命は開けていく。

『しんとく丸』においても『うばかは』においても、堂の縁下に籠もることによって運命が急展開して開けてくることから、縁下はよるべない弱者の究極の祈願の場であるという観念が存在したであろうことがわかる。つまり『平家物語』の「願立」の祈願の場は日吉社本殿の床下であったが、床下における祈願は日吉社だけのことではなかったといえる。

以上のことから、「北野社参詣曼荼羅」の松童八幡の床下にうずくまっている女性はなんらかの強い祈願を行っているのだろうと推定されるのである。

床下の祭祀と祭儀

本殿床下に特殊な意義がある事例としては、ほかにつぎのようなものがある。

全国にたくさんあるお稲荷《いなり》さんの社では、床下を囲う壁の背面側に穴があけられている場合がある（図4）。お稲荷さんは狐《きつね》を眷属神、使いの神としていて、狐が出入りするための抜け穴が床下にあけてある。床下から神の使いあるいは神自体かも知れないが、狐が出入りするという考えが一般的にある。

これに関連した興味深い例は、奈良県十津川《とつがわ》村の玉置《たまき》神社である。ここの三柱神社という境内社は三狐神《さんこしん》という稲荷神をまつっている（図5）。その本殿の床下には部屋がこしらえてあって、そこで狐落しをやっていたという。昔は精神病が動物霊の憑依《ひょうい》によるものと解釈される場合があり、治すためには憑依した霊を人体から離すこと、たとえば霊が狐とされた場合には狐落しという民間療法が有効とされた。そのための部屋が本殿床下につくられているのである。二畳ほどの大人は立てないくらいのせまい部屋で、外から施錠すると真っ暗になり、でることができない。そこに病人をとじこめておくと、ばたばたとあばれた挙句《あげく》に静かになり、狐はおちたという。

床下に大きな霊力があるということも考えられる。山王七社のうちの十禅師社《じゅうぜんじしゃ》（現樹下《じゅげ》神社）本殿

図４　玉置神社境内社三柱神社本殿側面の狐穴

図５　玉置神社境内社三柱神社本殿　18世紀再建。

図6　日吉大社樹下神社（旧十禅師社）下殿の井戸　文禄4（1595）年再建。

の床下には井戸がある（図6）。十禅師の神であるとか、水の神であるという伝承はないし、この井戸のことは記録にでてこないので、一体どういう由緒があるのかまったくわからない。しかし、本殿の下に井戸があるということ自体が普通のことではないから、この井戸はなんらかの霊力をもつのであろうと推測される。池の上に本殿をたてたという伝承は京都の八坂《やさか》神社にもある。八坂神社は疫病の神であるから、水とまったく関連がないわけではない。また太宰府天満宮《だざいふてんまんぐう》は菅原道真《すがわらみちざね》のお墓の上に立っているといわれている。

伊勢《いせ》神宮では本殿のことを正殿《しょうでん》という。正殿の床下の中心には心御柱《しんのみはしら》という杭のような短い柱があり、古代から少なくとも江戸時代までは、その前で伊勢神宮のもっとも重要な祭儀として由貴大御饌《ゆきのおおみけ》という食事をたてまつる祭儀があった。祭儀は大物忌《おおものいみ》という成人前の女子が中心になって行われていた。

神事の一環として床下にはいる、あるいは籠もることもある。江戸時代の記録によると日吉社の山王祭では、祭りの前に大宮の下殿に宮仕《みやじ》という職掌の者が全員集まり、二十一社に神酒《みき》をそなえた。このことの意義を見極めるには至っていないが、あるいは下殿の本質にかかわる問題を含んでいるとみられる。というのは、この当時大宮下殿には大宮の本地仏である釈迦如来がまつられていたが、この祭儀は二十一社に対するものであって、大宮に対するものでも釈迦如来に対するものでもないからである。神社の祭儀の直前に、関係者が神社に籠もって精進潔斎する行為も宮籠というが、これはそのような宮籠とみるべきものであろう。

このような宮籠が床下で行われた事例としては、兵庫県出石《いずし》郡但東《たんとう》町の日出《ひいで》神社がある。ここでは祭りの宵宮《よいみや》に子供たちが本殿の床下で焚き火をたいてお籠もりをしたということで、本殿床下が真っ黒に煤けているという報告がある（野地脩左・多淵敏樹「兵庫県出石郡但東町畑山の日出神社本殿について」『日本建築学会論文報告集69−2』一九六一年）。

中世日吉社の神仏関係と組織

下殿の形成

最初に述べたように、『山王宮曼荼羅』をみると本地垂迹の関係がきわめて明瞭に示されている。そして江戸時代には本殿の床上内陣に神—神像—がまつられ、床下の下殿には本地仏がまつられていた。それでは下殿が床下につくられた理由は、本地垂迹説に基づいて仏像をまつることだったのかというと、私はそうは考えていない。本地垂迹説は、仏を上位におく考え方で、『山王宮曼荼羅』でも仏が上に描いてある。また、そのような単純な上下の関係以外にも、さきにみたように下殿には下層民を中心とするいささか猥雑な世界が広がっていた。したがって、初めから本地垂迹説に基づいて下殿を設け、本地仏をまつるということではなかっただろうと思う。一般的な事例をみても、本地仏は理念上のものである場合、あるいは神社の近辺に神宮寺や本地堂をつくってまつる場合、または仏像を神体とする場合が多い。本殿床下に本地仏をまつるという事例は、日吉社以外には知られていないのである。

もう一つの考え方としては、反本地垂迹説がある。これは神主仏従、神本仏迹と表現されるように、本地垂迹説を逆転させたものであるから、神が上で仏が下というのはちょうどよいことになる。しかし、この説の形成期は鎌倉後期から南北朝《なんぼくちょう》期で、大成されたのは室町時代とされる。一方、下殿は『平家物語』の説話的題材であるから、すでに『平家物語』の形成期以前に存在したこととなり、下殿ができたのは鎌倉時代前期以前、一説には平安時代十一世紀にさかのぼるという見方もある。

したがって、下殿の形成に関しては、つぎのように整理できる。

(1) 祭礼前の宮籠のような祭祀上の用途があった。

(2) 日吉社が巨大化し、境内が下層民も含む民衆にまで開放的になった時代に、下層民の溜まり場となり、また同時に民衆にとっては究極の祈願の場と認識された。

(3) 以上の時期に下殿がどれほど建築的に整備された形態であったかに関しては疑問があり、おそらく室町時代に下殿は整備されて本地仏がまつられるようになった。

このように整理すると、神仏習合の好例のようにみえる日吉社本殿の建築構成は相当に複合的な契機で形成されたものであるといえる。神のなかに霊威をみ、仏のなかに慈悲をみ、強いていえば神と仏を重ねてみていたであろうことが重要である。とくに下殿に集う人びとの意識のなかには、神と仏を区別しようという意図も、一緒にしようという意図もなかったのであろう。

中世日吉社の組織

最後に、こういう複雑な祭祀をうみだした日吉社の組織について、少しふれておきたい。そのわけは、神仏習合の問題は、単に宗教的な問題としてとらえられがちだが、寺社の経済や組織の面からも考えなければならないと私は思うからである。

われわれがもっている宗教法人のイメージでは、法人を代表する個人または合議体のようなものがあって、そのもとで統一体としての法人が動くというものであろう。組織が大きい場合は、何段階かの似たような組織に分割され、それが積みあげられる。中世においては似たところもあるが、一見どういう組織になっているのか、わからない部分もある。そういう意味で中世の日吉社は、史料が決定的に足りないこととともに、本質的にわかりにくい部分がある。

中世の日吉社は基本的に延暦寺の一部である。だから、日吉社の最終的な責任者は天台座主ということになる。それはよいとしても、では日吉社自体の責任者はだれなのか。そして一体どこまでが日吉社なのか。この辺りがむずかしい問題である。

日吉社には、中世には世襲の神主が存在した。神社祭祀にかかわる部分と本殿、拝殿などは日常的に彼らが管理したものと思われる。つぎに大きな部分としては、だいたい二十一社に対応して、二〇棟前後の彼岸所《ひがんしょ》という建物があった。これは建物の規模とその数からいって、日吉社において大きな比重を占めていた。彼岸所という名称は春秋の彼岸会《ひがんえ》に由来すると思われるが、一方で山上の延暦寺の出張所の役割をはたしていた。というのは、彼岸会を行うためには費用がかかるので、その費用をまかなうための荘園が各彼岸所の彼岸会に付随している。それは利権であるから、延暦寺山上の各谷がしっかりと握っている。各谷というのは、山上延暦寺も巨大組織であるから、まず東塔《とうとう》、西塔《さいとう》、横川《よかわ》の三塔とよばれる三つの組織に分かれ、そして十六ある谷のそれぞれの組織に分かれていた。それらが彼岸所を管理し、その利権をしっかり握っていたから、彼岸所には日吉社の社家はかかわらなかった。彼岸所を延暦寺の出張所といったのはこのような意味である。そうすると、社家は仏事に関与しなかったのかというとそうではない。たとえば、十禅師社（現樹下神社）で行われる大般若経会《だいはんにゃきょうえ》は社家の管轄だった。逆に僧侶は神事に関与しなかったのかという問題もでてくる。山王祭に天台座主が参拝するのは僧侶の神事への参加といえよう。しかし、前近代においては神事と仏事は微妙に入りまじっていることが多く、その区別は当時の人びとの関心事ではない。むしろ、仏神事にまつわる利権の方がよほど切実な問題であった。このようなことから、日吉社を神社と寺に分けるとか、日吉社で行われる行事を、神事・仏事に分けるとかのことは、相当困難であると同時にどれほどの意味があることなのかわからなくなる。日吉社の範囲とか、責任者とかを求める問題設定そのものにも無理があるといえよう。

参考文献

黒田龍二『中世寺社信仰の場』(思文閣出版、一九九九年)。
朝日新聞社編『国宝と歴史の旅4　神社　建築と祭り』(朝日新聞社、二〇〇〇年)。
嵯峨井建『日吉大社と山王権現』(人文書院、一九九二年)。
下坂守『中世寺院社会の研究』(思文閣出版、二〇〇一年)。

絵画のような社寺名所絵

大久保 純一

はじめに

「神と仏のいる風景」という今回のフォーラムの題からは、険しい山々のなかにひっそりとたたずむ寺院や、深閑とした森のなかに鎮座する神社など、いわゆる聖地としてのイメージが真っ先に頭に浮かんでくるのではないだろうか。そうした聖地がいかに図像化され、そこから描かれた社寺の歴史や当時の人びとの信仰などを読みとることが、このフォーラムの目的なのであろう。ところが、あいにくと私の専門は、浮世絵《うきよえ》である。浮世絵は、「聖」とは対極の「俗」の体現であるといってもよい。遊里、歌舞伎、名所行楽といった、当世の享楽的要素に目をむけたジャンルであるから、聖なるイメージとして社寺を描いた図を取りあげて、なにかを語るということ、かなりの困難を伴う業かもしれない。

むろん、ありとあらゆる主題を貪欲に取りいれる浮世絵であるから、社寺を描いた作品がないわけではない。というより、むしろ北斎《ほくさい》や広重《ひろしげ》らで代表される名所絵、あるいは名所風景画とよばれる浮世絵の一ジャンルには、江戸を始めとした諸国の有名な社寺の景観は、かなり高い頻度で描かれているといってもよいであろう。それは、江戸を始め日本各地の由緒ある寺や神社は、人びとが参詣や行楽のために訪れる、まさに名所として浮世絵師たちが描く格好の対象だったからである。

浮世絵を専門とする私の発表は、いきおいこの社寺を描いた名所絵を対象とすることにならざるをえない。ただ、北斎や広重が活躍した十九世紀以降の、いわゆる浮世絵の名所絵の盛期には、このフォーラムの核心である「絵図」に該当するような作品が乏しいということもあって、正直、今回のフォーラムのメンバーのひとりとして、はたして私が適当であったのかという気後れを感じていたというのが正直なところである。しかし、ともかくあたえられた紙面は埋める責がある。今しばらくおつきあい願いたい。

「絵図」の定義については、第二部の「討論」の冒頭で多少議論されているが、要はある地域や建築、庭園などを実用目的のもとで描いた図画で、平面的、あるいは俯瞰によりかなり平面性を確保したものというイメージがあるだろう。そうした絵図は、そもそも鑑賞を目的につくられたものではないか（今日の目でみて、鑑賞性の小さくない絵図も多々あるのは事実だが）、描く対象の外形的特色がよくわかるような概念的、もしくは説明的な描写になっており、いわゆる目でみたような風景とは大きく異なっている。一方、北斎や広重が活躍した十九世紀、もう少し限定的にいうならば天保《てんぽう》年間（一八三〇〜四四）以降の浮世絵の名所絵は、一応「写真」（今日の写生、もしくは写実とほぼ同義）であることが売り物であり、多くは西洋生まれの透視図法を用いた低い視点で、景観を目でみたように描いているから、「絵図」というイメージとは大きくかけ離れている。むろん、それらに高い鑑賞性があることは今さら申すまでもない。

言葉だけではわかりづらいであろうから、社寺を描いた具体的な作例をもとに、浮世絵の名所絵の歴史を、ごくごくかいつまんで示しておきたい。

浮世絵風景画と透視図法

浮世絵の祖とされる菱川師宣《ひしかわもろのぶ》（?〜一六九四）の時代から、寛永寺《かんえいじ》や浅草寺《せんそうじ》など、江戸の有名な社寺は、単独の主題として繰り返し描きだされてきている。墨摺《すみずり》一二枚組の「上野《うえの》花見の躰」は、花見客でにぎわう寛永寺境内《けいだい》を描いたもので、このシリーズの改刻版「江戸物参躰」には、亀戸天神《かめいどてんじん》も加わることが指摘されており（浅野秀剛「菱川師宣の版画」『菱川師宣展』図録、千葉市美術館、二〇〇〇年）、一種の江戸参詣名所集といった構成になっている。彼が挿絵を担当した『江戸雀《えどすずめ》』（一六七七〈延宝五〉年）は、江戸開板の最初の地誌であるが、挿絵の多くは社寺の境内を描いたものとなっている。こうした師宣を始め初期の浮世絵師たちが描いた社寺は、すべて伝統的な俯瞰描写、すなわちかなり高い地点から境内を眼下に見下ろしたような描き方であり、おしなべて説明的・概念的な描写である点が共通している。

こうした浮世絵の名所絵は、十八世紀もなかばに近づくころ、一つの大きな転機を迎えることとなった。それはヨーロッパで生まれた透視図法が流入したことである。幾何学的遠近法、線遠近法など

図１　「浮絵金龍山開帳之図」（歌川豊春）

ともよばれるこの図法は、今日、一般的には単に遠近法というよび名で知られているほど、ごくごく当り前のものとなっているが、日本にこれがはいってきた当初（初めは中国経由ではないかと考えられている）は、大変な驚きをもって迎えられたようである。従来の俯瞰とは異なり、水平視に近い視点で風景をとらえ、ことさらに空間の奥行きを強調した目新しい図法は、手前の風景が浮きあがっているようにみえるというので、「浮絵《うきえ》」とよばれ大流行したのである。

この「浮絵」の代表的絵師である奥村政信《おくむらまさのぶ》や鳥居清忠《とりいきよただ》、西村重長《にしむらしげなが》といった絵師たちの描く対象は、劇場や遊郭、茶屋の座敷など、建築の内部空間や都市の目貫通りなどにほぼ限定されていたが、明和《めいわ》年間（一七六四〜七二）から活躍した歌川豊春《うたがわとよはる》は、「浮絵」に描く対象をよりいっそう拡大し、戸外にも目をむけて江戸の名所風景を積極的に描くようになる。たとえば豊春は浅草寺の境内を描いた「浮絵金龍山《きんりゅうざん》開帳之図」を制作している（図1）。まったくの水平視とはいかないまでも、かなり低い視点で参道を正面から、すなわち各種の土産物屋がたちならぶいわゆる仲見世《なかみせ》、仁王門《におうもん》、本堂に至る境内を奥行き豊かに描きだし、従来の俯瞰による説明的な社寺絵とはまったく異なる、新しい社寺の景観を提示している。

浮絵の題材となった江戸の社寺には、浅草寺、寛永寺、富岡八幡宮《とみがおかはちまんぐう》、目黒不動《めぐろふどう》など、当然のことながら参詣だけではなく、庶民の行楽の対象でもあった名所としての社寺が大半である。やや脇道にそれるのだが、これらの社寺を描く浮絵は、個々の寺や神社ごとにほぼ固定化した図像ができあがり、それが長い間継承されていく傾向が見出される。絵師や流派が異なっても、描かれた対象が同じ社寺であれば、低い視点でもって、参道から本堂に至るまでの境内をほぼ真正面から見通して、境内の空間の奥行きを描きだそうとする「異工同曲」ともいうべき浮絵が数多く制作されているのである。たとえば浅草寺に関しては、豊春の門人の豊国《とよくに》が、師とほとんど同じ構図の浮絵を描き残している。

では、透視図法が輸入され、さらに豊春によってそれが戸外の風景にまで応用できるようになって以後は、すべての名所絵がこの図法でもって描かれるようになったのであろうか。じつは、現実はもっと複雑な様相をみせている。

透視図法が流行し、ほとんどすべての絵師がまがりなりにも（というのは、理論的に正しくこの図法を理解していた絵師は、江戸時代にはほぼ皆無であったろうから）使えるようになった以後でも、題名には「浮絵」とうたいながらも、透視図法の駆使をほとんど目立たせない、一見したところでは従来どおりの俯瞰描写に基づいたような作品も少なからず制作されている。豊春以降の浮絵には、透視図法をもとに視点を低くとって空間の奥行きを志向したものと、視点を高くとって広大な空間を俯瞰し、

図2　「新板浮絵富賀岡八幡宮之図」（葛飾北斎）

名所景観の説明性を重視するものという、二つの流れへと分化していくことが指摘されているが（岸文和『江戸の遠近法――浮絵の視覚』勁草書房、一九九四年）、江戸の社寺を描いた浮絵もこの例外ではない。司馬《しば》江漢《こうかん》・亜欧《あおう》堂田善《どうでんぜん》といった洋風画家により、透視図法を用いたきわめてリアルな江戸名所銅版画がすでに制作されていた文化《ぶんか》年間（一八〇四～一八）になってさえも、伝統的な俯瞰的視点による社寺境内などの名所絵は、あいかわらず数多く制作されている。

たとえば、葛飾《かつしか》北斎に「新板浮絵」と題した伊勢屋版のシリーズがある。このシリーズは、一八一一（文化八）年から一三年のあいだに制作されたと推測されている（浅野秀剛「北斎の前期風景版画の作画年代について」『北斎　不屈の画人魂』展示図録、名古屋市博物館、一九九一年）。前出の豊春の浮絵よりも四〇年以上もあとに描かれたもので、しかも題名に「浮絵」とうたっているにもかかわらず、ほとんど透視図法の使用が見出せないシリーズである。シリーズ中の一図、「新板浮絵富賀岡八幡宮之図」（図2）をみてみよう。深川《ふかがわ》の富岡八幡の門前町《もんぜんまち》と、石鳥居から太鼓橋までの境内が描かれているが、視点は俯瞰的で、浮絵でイメージされるようなめだった透視図法の使用は見出せない。右遠景に本来ならかなりの距離がある洲崎弁天《すざきべんてん》を小さく配しており、強いていえばこの近景と遠景の対比が浮絵的であるのかもしれない。

十九世紀の初めになっても、俯瞰的な社寺の境内が錦絵《にしきえ》の名所で描かれていたのには、それなりの理由があるであろう。たしかに視点を低くとった透視図法は、遠景にいくほど物体が小さくなり、風景を奥行き豊かに描きだすという、人間の自然な視覚にかなり近い効果を得られるすばらしい画法であるが、視点を低くとり、しかも近景のものが大きく描かれるわけであるから、遠景の事物はややもすると、手前の事物に隠されがちとなる。「みえたまま」に近いだけに、本来ならみえないものは、画面のなかに描きだしにくいことになる。高所から見下ろしたような俯瞰的な、「絵図」的な絵であれば可能であった、社寺の境内に、本堂や門、塔などがどれだけあり、どのように配置されているかといったような、景観の全体像をつぶさに示すことはできないのである。

社寺を参詣する場合、人は境内の立派な建築物に目をみはり、なおいっそう神仏をありがたく感じるようになることが多いであろう。江戸後期の名所図会《めいしょずえ》の類のなかで、社寺がどのようにあつかわれているかみてみると、由来や縁起《えんぎ》だけではなく、境内の主要な建物に関しても細かい解説があり、挿絵は境内を一望のもとに見下ろして、個々の建物の名前を細かく書きいれているものが少なくない。参詣客は、それをもとに境内の建物の一つひとつをたどったに違いない。また、今回の企画展には、江戸時代後期から明治にかけて刊行された、全国のさまざまな社寺の境内を俯瞰的かつ説明的に描いた一枚摺りも数多く展示されていたが、こうした境内絵図が大量につくられたのは、それを必要とする参詣客が数多くいたからである。

浮世絵の名所絵の場合、それら一枚摺りの社寺境内図のように参詣客を第一の顧客にしているわけではないが、さきの豊春の「浮絵金龍山開帳之図」では、仲見世の左方に錦絵を吊した絵双紙屋《えぞうしや》が描かれているように、数多くの参詣客を集める社寺の門前には繁華な商店街が成立し、そのなかの絵双紙屋で売られる錦絵の一部は、それら社寺の境内を描いた名所絵であったに違いない。透視図法でみたままに描いた純風景画色の強いものだけではなく、一枚摺りの境内図のような視点で描いた錦絵も、よい商品になったと思われる。

江戸後期以降大量に制作されている一枚摺りの社寺境内図は、錦絵とは異なって比較的簡素な摺りのものが大半である。それらの多くは、墨一色で摺られているか、わずかな色数で摺られているにすぎない。そうしたものの流行に引っぱられて、美麗な多色摺りによる錦絵版の境内図を制作・販売しようと考える版元がでてくるのは当然のことなのではなかろうか。人間の自然な視覚体験に似通った透視図法に基づく作品が流行する一方で、著名な社寺境内の社殿・伽藍《がらん》の配置や茶店、庭園などの在処を説明的に示してくれる俯瞰的な絵図のような名所絵も、需要がなくなることはなかったと考えられる。

ただ、この俯瞰と透視図法との二画法の浮絵が併存していたのも、化政期ごろまでである。北斎の「冨嶽三十六景《ふがくさんじゅうろっけい》」や広重の「東海道五拾三次《とうかいどうごじゅうさんつぎ》」などの名所絵シリーズがあいついで制作・刊行された天保年間（一八三〇〜四四）以後は、「浮絵」と銘打ちながらも、俯瞰的・説明的に社寺の境内を描きだしたものは、皆無とはいえないまでも、かなり少なくなる。天保年間は浮世絵風景画の完成期なども位置づけられている時期で、数十年におよぶ透視図法の咀嚼・吸収過程もほぼ終了し、空気遠近法や光の効果など、名所絵のリアリティをさらにいっそう高める技術が試みられていく時代と考えられている。このころの浮世絵の名所絵は、もはや絵の題名から空間の奥行きそのものを売り物にした「浮絵」という言葉自体も、ほとんど消え失せてしまうのである。このことは、透視図法がもはや当り前のものとなるまで咀嚼・吸収されたことを物語っていよう。たとえ俯瞰的に境内を描いた図であっても、なるべく自然な雰囲気で、さもどこかの高所から実際に見下ろしたような図様にまとめあげようとしているのである。当然、前出の文化年間の北斎の「新板浮絵」シリーズのような、画中に様式化した霞が装飾的に描き込まれるようなことも、ほとんどみられなくなっていく。

俯瞰図の復権

ところが、こうした浮世絵の名所絵におけるリアリズムの加速度的な進展という時代の流れのなかで、浮世絵風景画の完成の立て役者のひとりであり、リアリティあふれる名所絵を売り物にしていた広重の作品中に、俯瞰的な視点設定による社寺名所絵がいくつか描かれるという、ある意味で理解に苦しむ現象が見出せる。世間に対して、広重の名所絵が写生、写実とほぼ同義語の意味での「写真」をセールスポイントにしていたことは、作品の名称や画論など随所に見出せる。たとえば、広重の画論として有名なものに一八四九（嘉永二）年ごろ刊行の『絵本手引草《えほんてびきぐさ》』の自序があげられるが、そのなかで彼は「画は物にかたちを本とすなれば、写真をなして是に筆意を加ふる時は則《すなわち》画なり」と述べている。

私見では、名所風景画で並び称されることの多い北斎の絵よりも、広重の絵のほうがずっとリアリティ豊かなのだが（広重自身も北斎の絵が作為性が高いのに対して、自身の絵が「まのあたりに眺望」した「写真」の景であることを絵本『富士見百図』の序文のなかで主張している）、この広重が作品によっては、むしろ以前の俯瞰的な浮絵（矛盾した表現だが）よりも、絵図的な要素が強くなっているような名所絵さえ描いているのである。今回の企画展の出品資料でいえば、「東都名所　浅草金龍山」（図3）がそのよい例である。詳しい分析はあとの節でするとして、ここではごく簡単にこの三枚続きの絵の図柄にふれておきたい。

浅草寺の境内や門前を西側のかなり上空から俯瞰したような図で、実際にこの位置から見下ろせるような高い場所は、浅草寺の付近には存在しない。また、絵図さながらに整然と整理された画面など、とうてい「写真」ではありえないだろう。同じ広重が透視図法を用いた低い視点で、臨場感

図 3　「東都名所　浅草金龍山」(歌川広重)

図 4　「名所江戸百景　浅草金龍山」(歌川広重)

豊かに描いた「写真」的な浅草寺の図、たとえば有名な「名所江戸百景　浅草金龍山」（前頁図4）辺りとくらべてみれば、両者の画面の違いは際だっている。

では、浮世絵の名所風景画の発展史からみれば、まるで時代の流れに逆行しているかのような「先祖帰り」的な現象はなぜ生じたのであろうか。ひとつの大きな要因は、名所図会類の流行、直接的には、一八三四（天保五）年に前編、三六（同七）年に後編が刊行された『江戸名所図会』の存在だと思われる。

よく知られているように『江戸名所図会』は、江戸の町名主《なぬし》、斎藤幸雄《ゆきお》、幸孝《ゆきたか》、幸成《ゆきなり》（月岑《げっしん》）三代にわたる大事業として編纂されたものである。収録された名所はじつに一〇〇〇件をこえ、記述の詳細さ、挿絵の豊富さなど、それ以前の江戸に関する地誌のどれをも凌駕しているだけではなく、江戸時代に刊行された数多くの名所図会のなかにあってまさに決定版といっても過言ではない。この『江戸名所図会』にあつかわれた名所のうち、神社や寺院をあつかったものが半数以上にのぼる点は、やはりこの時代になっても、社寺が名所として重要な位置を占めていたことを物語っている。

同書の挿絵は、漢画《かんが》系の絵師長谷川雪旦《せったん》（一七七八〜一八四三）の筆になるものである。雪旦は当時高い評価を得ていた絵師で、町絵師の出身でありながら唐津《からつ》藩の御用絵師《ごようえし》にも取りたてられたほどだが、一九九七（平成九）年に東京都江戸東京博物館で雪旦の画業を回顧する大規模な展覧会（『江戸の絵師　雪旦・雪堤　その知られざる世界』）が開かれる以前は、彼の仕事の具体像はこの『江戸名所図会』の挿絵のほかはあまり知られていなかった。というよりも、この『江戸名所図会』の挿絵があまりにみごとであったため、これまでは雪旦といえば『江戸名所図会』という評価で十分だったからかもしれない。

この『江戸名所図会』の挿絵は、斎藤月岑が雪旦を取材先の名所へ伴って現地をスケッチさせたものが下敷きとなっているから、挿絵のリアリティという点でも多くの名所図会のなかでトップクラスである。辛口の批評で知られる曲亭馬琴《きょくていばきん》が、「江戸名所図会はその功、編者は四分にして、その妙は画に在り、臥遊の為にいといと宜し、この画工雪旦は、予も一面識あれども、か丶る細画はいまだ観ざりき、縦北斎に画かするとも、この右に出ることかたかるべし」（『異聞雑稿《いぶんざっこう》』）と、ほぼ手放しで誉めあげたように、その描写の精細さは、これ以前のどの名所図会の挿絵をも凌駕するものであった。描かれた景観内容の正確さに関しては、近年の研究により文字どおりの「写真」ではないことが指摘されつつあるが（千葉正樹『江戸名所図会の世界』吉川弘文館、二〇〇一年）、基本的には雪旦が個々の名所を実地に踏査して描きだしたものであるから、「絵」にまとめあげるための多少の潤色や省略さえ割り引けば（そもそも、多少とも作為が加わらない絵など存在しないのだが）、やはり十分に信頼に足るものであると考えられる。

その多くは見開きの挿絵で、名所景観をとらえたものは図会の挿絵の常として、高所から俯瞰した視点をとるものが大半である。なかでも見応えのあるものは、名所とその周辺を広く俯瞰した景観を、見開きで数場面にわたる連続挿絵でパノラミックに表現したもので、圧倒的な迫力を有している。本の綴じ糸をはずして袋とじの各丁（ページ）を広げてつなげると結構長大な画面になるのだが、それが冊子形式で鑑賞されると、一種絵巻物を繰り広げているような錯覚さえ覚える。

広重の俯瞰的社寺境内図

さて、浮世絵風景画の完成期とされる天保年間（一八三〇～四四）以後に、江戸名所絵の分野でもっとも作画量の多い絵師は広重であるが、彼は作画にあたって、この『江戸名所図会』の挿絵を頻繁に利用しているのである。彼の晩年の大作で、江戸名所絵の集大成ともいうべき「名所江戸百景」（一八五六～五八〈安政三～五〉年）は、題名からして『江戸名所図会』を意識したことを推測させ、図様も『江戸名所図会』をもとに描きあげたものが散見される。そしてこのシリーズの刊行の当初は、名所景観をとらえる視点にも図会の挿絵的な高所から俯瞰したものが目につく。

「名所江戸百景」以外にも、広重の描く江戸名所絵には『江戸名所図会』の俯瞰構図を模倣したものが見出される。今回の企画展示の出品作のなかでは、前述の「東都名所　浅草金龍山」（図3）がそのよい例であろう。天保後期に蔦屋吉蔵《つたやきちぞう》から刊行された三枚続きの名所絵シリーズ「東都名所」のなかの一図である。この蔦吉版のシリーズは、すべてが社寺名所を描いたものではなく、隅田川《すみだがわ》両岸に点在する名所や桜花咲き乱れる飛鳥山《あすかやま》、あるいは見晴らしのよい江戸湾の景が広がる高輪《たかなわ》や洲崎の海岸など、江戸有数の行楽地の景観をパノラミックに俯瞰したものも含まれているが、全体のおよそ半数は、東叡山《とうえいざん》寛永寺や王子稲荷《おうじいなり》、富岡八幡宮、東西の両本願寺《ほんがんじ》など、やはり江戸で著名な社寺を題材としたものが占めている。

「浅草金龍山」は、仁王門付近から本堂、さらに奥山へと、浅草寺の参道を真横方向から俯瞰したもので、境内のさまざまな建物が細かい筆致で描きだされ、しかも建物の名前も逐一書き添えられ、いささかわずらわしい観さえ呈している。じつはこの図の図様も、『江戸名所図会』の見開き五図にわたる長大な挿図、「金龍山浅草寺全図」の三、四図目（一一八・一一九頁図5）をもとに描きだしたものである。全体の構図だけなら偶然の一致ということや、浅草寺を描く際の決まり切った図像の継承にすぎないとも考えられるが、棚引く霞が境内のどの辺りを隠しているかという点や、境内の建物名の書入れ具合までも、両者はほぼ一致しているのである。

『江戸名所図会』の挿絵をもとに作画するという同様の事例は、「東都名所」のなかの他の図にも数多く見出される。たとえば、「芝神明増上寺《しばしんめいぞうじょうじ》」「上野東叡山全図」「王子稲荷境内全図」「浅草東御堂之図」「亀戸天満宮境内全図」（一一八・一一九頁図6）などは、それぞれ『江戸名所図会』の「三縁山増上寺《さんえんざん》」（巻一）、「東叡山寛永寺」（巻五）、「王子稲荷社」（同）、「東本願寺」（巻六）、「亀戸宰府天満宮」（巻七、一二〇・一二一頁図7）の俯瞰挿絵の図様の大部分を利用して描かれている。

「東都名所」の落款《らっかん》（サイン）の書体から、このシリーズの諸図は、一八三七、三八（天保八、九）年ごろに制作されたものが多いと推測される。『江戸名所図会』が出版されて、さほどまもない時期である。広重もまた、刊行されてまだまもない『江戸名所図会』の、挿図の精緻さや信頼性の高さに注目するとともに、名所景観を提示する際の俯瞰的な社寺境内図のもつ効果を再認識したものと考えられるのである。

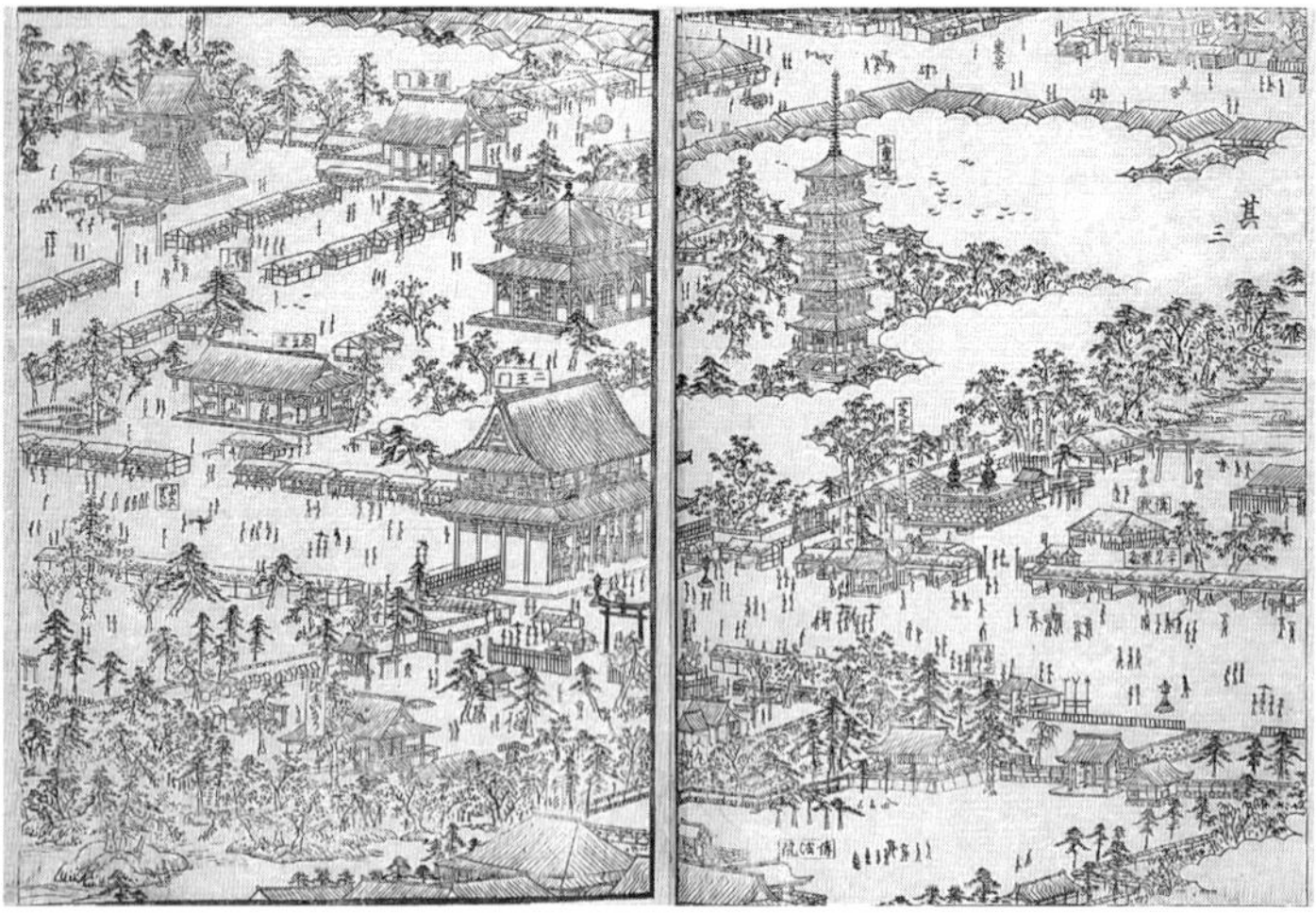
其三

東都名所亀戸天満宮境内全圖

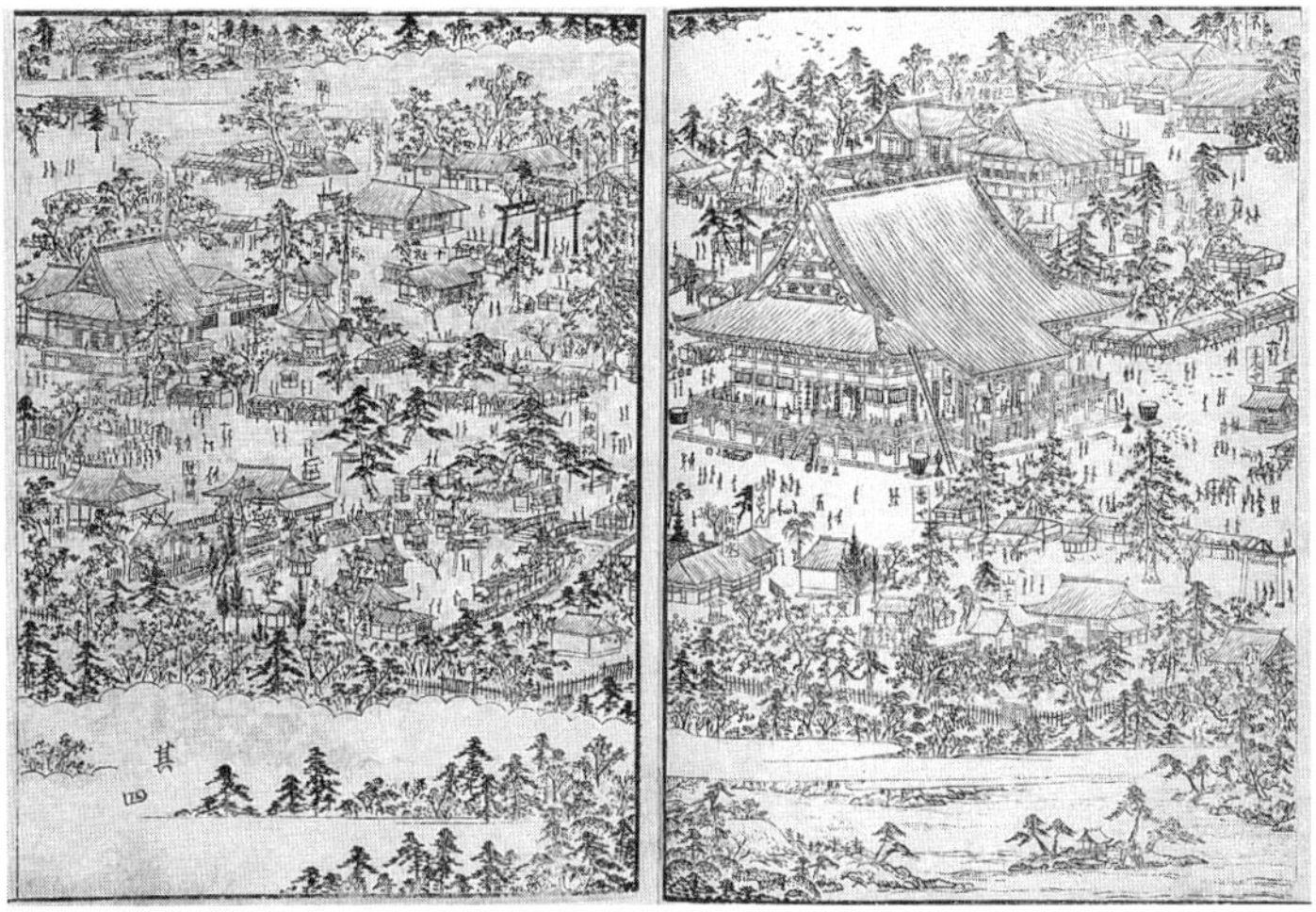

図５　「金龍山浅草寺全図」部分（『江戸名所図会』巻６より）

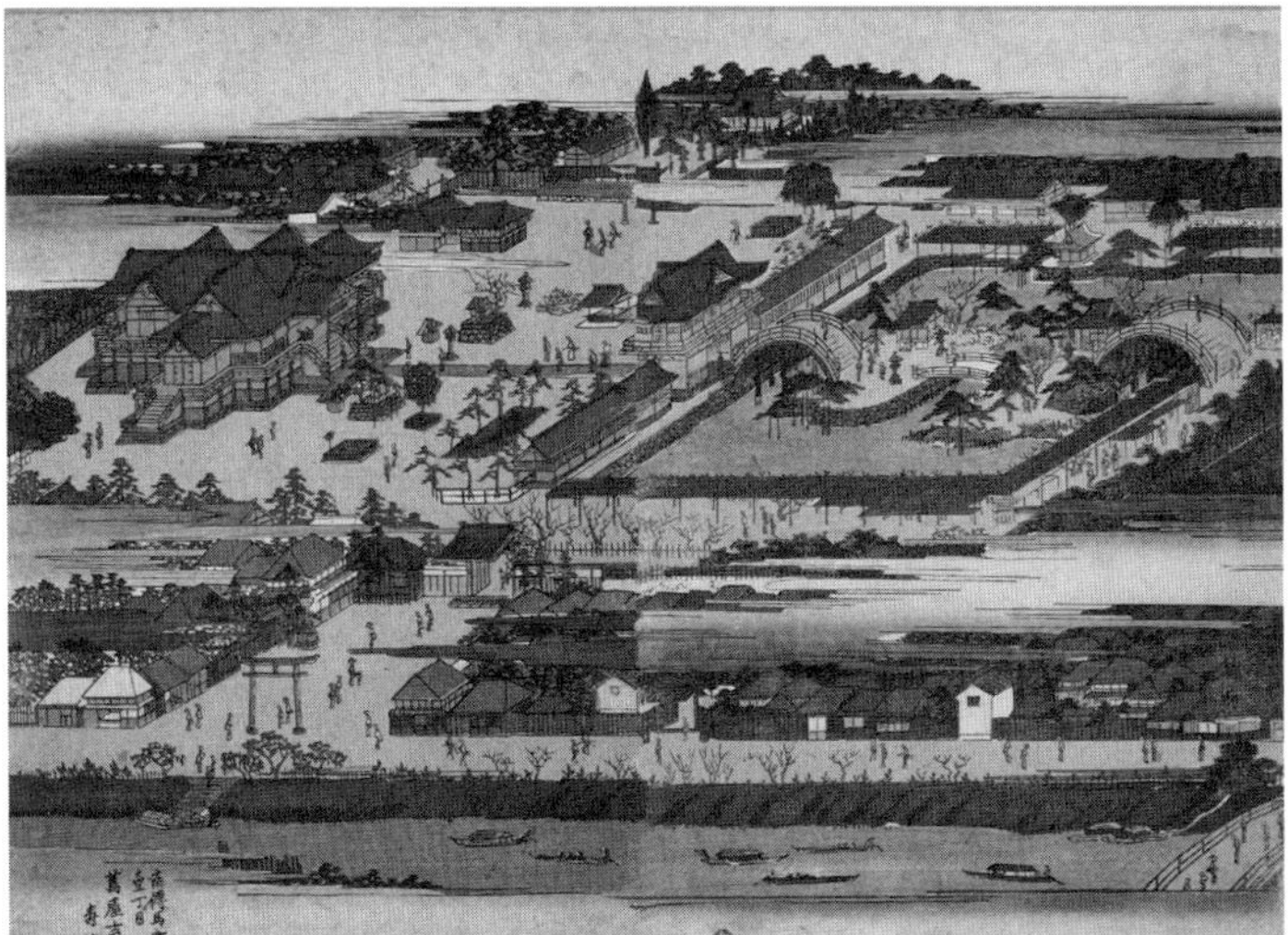

図６　「東都名所　亀戸天満宮境内全図」（一立斎広重）

ところで、広重が名所絵を制作するにあたって、各種の名所図会や風景絵本などの挿絵を種本にしたことはよく知られている。たとえば、彼の出世作となった保永堂版「東海道五拾三次」のなかの何図かは、『東海道名所図会』の挿絵をもとにしているし、晩年に近いころの「六十余州名所図会」では、淵上旭江《ふちがみきょっこう》作の『山水奇観《さんすいきかん》』という風景絵本や各種の名所図会の挿絵を相当使っている。しかしながら、そうした場合広重は、透視図法や空気遠近法などを駆使して、原図として利用した挿絵以上に、景観にリアリティを盛り込むようにつとめているのが常である。

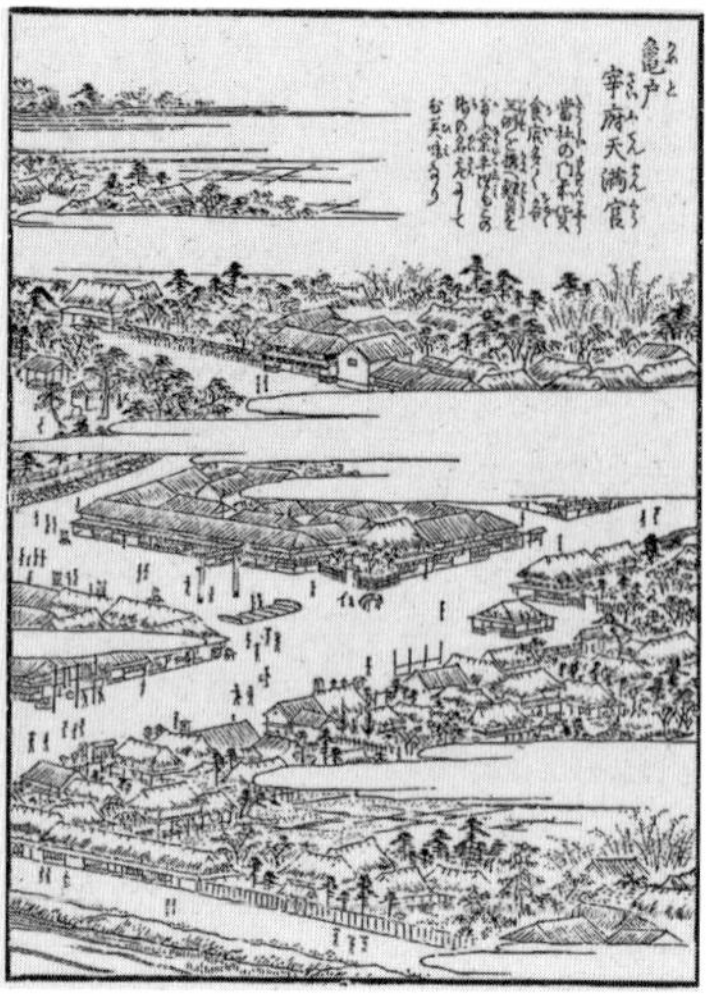

ところが、蔦吉版の「東都名所」では、『江戸名所図会』の挿絵以上に、絵図的に視点・図様を整理しようとする意図さえうかがえる。たとえば、『江戸名所図会』の挿絵「金龍山浅草寺全図」が画面に対して参道をやや斜めにとらえることで、観者があたかも高所から境内を見下ろしたような自然な感覚を与えようとしているのに対して（千葉正樹氏は、さきの同氏の著書のなかで、『江戸名所図会』の挿絵の特色として、リアリティ感の演出がみられることを指摘している）、広重の「浅草金龍山」では、画面の横軸に対してほとんど平行に参道を配して、逆に「絵図らしさ」を演出しているのである。

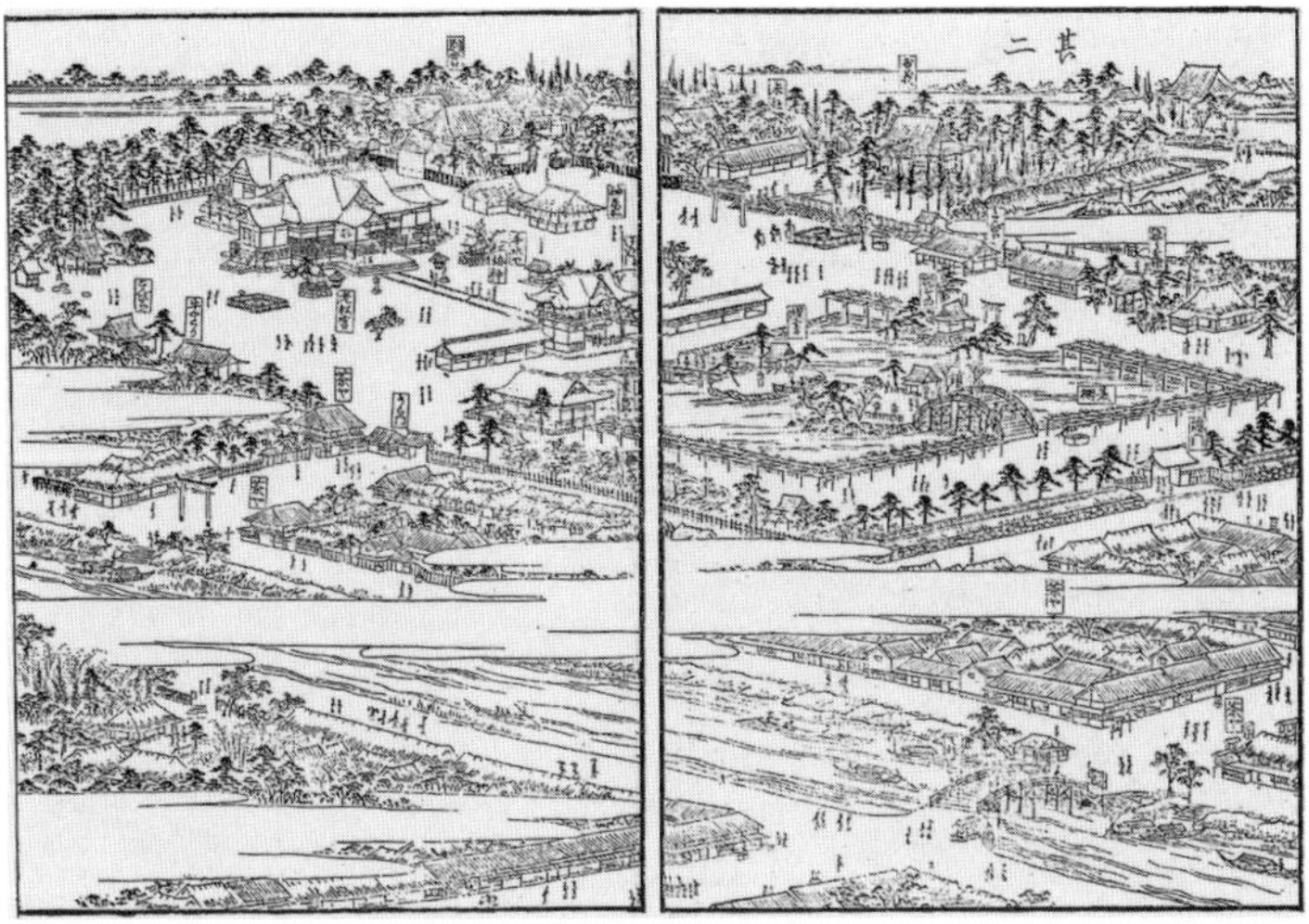

図7　「亀戸宰府天満宮」(『江戸名所図会』巻7より)

広重の制作した膨大な江戸名所絵全体のなかでは、『江戸名所図会』の挿絵に依拠して、図会的な俯瞰描写をとったものが占める割合はけっして多くはない。繰り返しになるが、広重は当時活躍していた絵師のなかでは、透視図法的空間の理解にもっとも通じた絵師であったから、低い視点で名所景観を奥行き豊かに見通した作品が大半を占めている。

　しかしながら、著名な社寺の広大な境内を高所から俯瞰した絵図のような名所絵は、名所の全容を一望のもとに、しかも説明的に描きだし得ているだけに、一定の市場を確保し続けていたものと考えられる。商売高い版元としては、名所絵の第一人者である広重に、この種の境内図を描いてもらえればよい商品になる、と考えるのは当然のことであろう。蔦吉版「東都名所」以後の江戸名所絵シリーズで、俯瞰的に社寺境内を描いている図がややめだつものとしては、一八五四（嘉永七）年刊の有田屋清右衛門《ありたやせいえもん》版「江戸名所」をあげることができる。これもまた社寺ばかりをあつかったシリーズではないが、「浅草金龍山」「上野東叡山」「亀戸天満宮」などを、強い俯瞰でやや図式的に描いた図がいくつか含まれていることが目を引く。ここではそのなかの一図、「浅草金龍山」を例にとるが、これまでみてきたいくつかの浅草寺の絵とは違う視点——仁王門上空辺りから風雷神門《ふうらいじんもん》方向を見下ろしたもの——であるが、装飾的な雲の切れ間から門や五重塔、時鐘、銭瓶《ぜにがめ》弁天（いずれも五重塔の左方）など、境内の建物をこと細かく描く手法は、それぞれの名称こそ書きいれられていないものの、かなり絵図的な効果をねらったものといえるだろう。

図８　「浅草金龍山奉納桜盛之図」(二代歌川国綱)

図９　「東京名所　浅草観世音之図」(二代歌川国輝)

広重自身は、この種の俯瞰図、というよりもむしろ説明性の強い絵図的な作品を描くことはあまり好きではなかったようである。その点は、先述したように、彼の描いた膨大な量の江戸名所絵のなかで、この種の説明的俯瞰図の作例が占める割合の低さと、蔦吉版の「東都名所」の落款の形式が、「応需一立斎《いちりゅうさい》広重筆」というように、彼としてはやや珍しく「応需」の語を冠していることなどから推察できる。応需とは、「版元の需めに応じて」という意味であり、この場合は、必ずしも本意ではないのだが、という気持ちが見え隠れしているような気もするからである。

このように広重自身は、説明的な境内図をあまり作画していないが、その後も引き続いて需要があったため、さまざまな浮世絵師たちの手で描き続けられている。歴博所蔵のもののなかからピックアップしただけでも、二代歌川国綱《くにつな》の「浅草金龍山奉納桜盛之図」(一二二・一二三頁図8)や、彼が二代歌川国輝《くにてる》に改名したあとの作、「東京名所　浅草観世音《あさくさかんぜおん》之図」(一二二・一二三頁図9)のような幕末・明治期の三枚続きの作例をあげることができる。一八五七(安政四)年の「浅草金龍山奉納桜盛之図」は、桜のころの浅草寺境内を仁王門から本堂、奥山にかけて参道西側から俯瞰したものである。遠景に隅田川と向島《むこうじま》の景を取り込む構図は、浅草寺の立地までも説明しようとするもので、江戸前期からみられるものである。小さい短冊形に「三めぐり」(三囲稲荷《みめぐり》)を始めとした、名所の地名が記されている。一八九六(明治二十九)年の「東京名所　浅草観世音之図」は、明治風俗を描く開化絵らしく、仲見世が煉瓦づくりの洋風建築になっている。視点はやや低く、透視図法も導入されているが、画面の説明性の高さはあいかわらずであるし、建物名の書入れも一部みられる。

こうした画中の細かい地名表記などをみていると、社寺を描いた名所絵のなかに、『江戸名所図会』から広重へと展開した俯瞰的な社寺名所絵の流れが、うけつがれているように見受けられる。そして想像を巡らせば、このように高所から見下ろして、一定の範囲を説明的に描きだすという手法は、社寺の境内だけではなく、幕末に大流行した横浜絵の鳥瞰図の成立などとも無関係ではないように思われるのである。

村のなかの社と寺

湯浅　隆

はじめに

江戸時代の人びとの信仰は、仏教が強制され寺請《てらうけ》制度にしばられていた、という先入観がある。しかしながら、実情として、人びとは信仰の選択をかなり自由に行っていた、としか考えられないということを以下に述べていきたい。その証の一つとして、四国のなかのある村の絵図に記された宗教施設である、寺や祠《ほこら》を検討していく。

さらに、江戸時代には、寺社の境内《けいだい》を画題とした絵画・境内図類が大量に作成されたこと、そのこと自体からも、人びとの自由な信仰の存在が読みとれるであろう、ということを述べていきたい。

宗門改めのイメージ

江戸時代になると、多色刷り浮世絵《うきよえ》版画が数多く作成され、その画題として江戸や大坂を始めとする都市の寺社が頻繁に取りあげられている。そして、その寺社の境内に参詣者があふれていることは、ごくありふれた光景である。国立歴史民俗博物館蔵の「浅草寺年の市図《せんそうじとしのいちず》」（口絵四〜五頁）は、毎年暮れの十二月十七日、十八日に繰り広げられる光景を記したもので、門前の参道から境内にかけて人びとであふれかえっている。この図を眺めていて、ふと思ったことは、「これらの群衆はすべてが浅草寺の檀家《だんか》であるはずがない。そもそも浅草寺には檀家はいるのだろうか。いたとしても、これほどの人数ではないであろう。それにしてもずいぶん多くの参詣者が描かれている」ということであった。

ところで、かつて中学校時代に江戸時代について初めてならったイメージではどうであったか。江戸幕府の宗教政策として、キリシタン禁制、踏み絵《ふえ》、寺請制度、宗門人別改帳《しゅうもんにんべつあらためちょう》などという、用語が芋蔓式《いもづる》に浮かんでくる。いわゆるキリスト教が禁止されて、その証明として、全国のすべての人びとはどこかの寺の檀那にならなければならない。このシステムが寺請制度というもので、この実効を保証するために、寺がつくった証明書類が宗門人別改帳だということであった。じつはそのことをもって、ことに近代以降における憲法に記された「信教の自由」との比較から、加えて一神教《いっしんきょう》がノーマルな姿であるとの思い込みから、江戸時代の人というのは、宗教的にはきわめて統制された状態にあった、とそう思いこんできたというところがあった。いわゆる、生まれながらにどこかのお寺に所属していて、そのお寺のもとで一生すごさなければならない、と規制された先入観が以降につきまとっていった。

この先入観と、さきほどの浅草寺の賑わいということを一体どう無理なく理解したらよいだろうか、ということがある。また、大久保純一氏が事実としてさきほどに述べた、江戸時代における数多い名所絵《めいしょえ》として寺社が画題とされていたこともある。これらの描かれた絵画が大量に存在するという事実と、かつて学校の教科書でならったイメージとをどう無理なく結びつければよいだろうか、ということである。

それについて、私が今思っているのは、いわゆる檀那寺《だんなでら》、自分の家の祖先供養をする寺は決められていて、その寺に対しては当然のこととして檀那役をつとめなければならない。そして、この檀那寺にそれ相当の務めさえすれば、あとは人びとの信仰というのはきわめて自由な状態にあったのではないのだろうかということである。

そのことをいくつかの例をあげて申し述べたい。その事例の一つとして、宗教施設を克明に描きこんだ村絵図を史料として取りあげ、「村のなかの」という場合を具体的にみていきたい。

日常生活空間のなかの神仏

「村のなかの」事例を取りあげる理由は、江戸時代にあっては村というのがごくごく普通の平均的な人びとの住む生活空間であった、ということによる。そこにおいて、どういう神や仏がいたのだろうかということである。当然、村のなかにも、宗教に関するいろいろな設備があった。

また、国立歴史民俗博物館の総合展示・第三展示室には、「道と旅」というテーマの展示がある。ここでは、江戸時代になると、人と物資とが列島内の陸路および沿岸海域を、恒常的に動きまわるようになったことを述べている。この展示構成の初めに、「旅へのいざない」というコーナーがある。

ここの展示資料として、房総《ぼうそう》のあるお宅でずっと持ち伝えてきたお札《ふだ》の数々がならべられている。江戸時代後半から明治にかけ、御師《おし》たちが随分たくさんまわっており、その御師たちは、家々にお札をおいていった。このお宅では、受けたお札を木箱にいれてずっとしまっておいた。それが一体、どういう地方からの、どういう種類の札がどれだけあるのだろうかということは、人びとの信仰の実態を示すものとして興味深い。江戸時代後半になると、村にいながらにして、きわめて広汎な地方とのつながりをもっていたことを示すことを意図した展示である。このことからも、檀那寺や鎮守《ちんじゅ》だけにとらわれない多彩な神仏との関係があったことを示すことができる。

さらに、第三展示室「道と旅」の展示では、そこからはじまり伊勢《いせ》へお参りにいくという道中が構成されている。その伊勢へのお参りも、関東からだと約二週間かかっていく道すがらなにをしているかといえば、たとえば東海道《とうかいどう》だと、東海道を西へむかいながら、その道々にある名所・旧跡などをみてまわる。その名所・旧跡のかなりの部分が、その地にある寺社であった。そうしてみると、江戸時代の人びとは、かなりいろいろな形の寺社とふれあう機会をもっていたことになる。

それで、江戸時代の人びとの信仰のありようをあきらかにする、もっとも基礎となる事柄として、日常的な生活空間のなかでどういう寺やお堂、神社や祠、路傍や土地の神々があったのだろうかということの実例を、なにを手がかりとしてみていこうかとさがした。そのとき、ちょうどよいぐあいに、四国の阿波《あわ》国（現、徳島県）にある村の絵図に出会った。そして、絵図に描かれた信仰対象を、現地で現状確認をすることができた。これが、阿波国阿波郡切幡《きりはた》村（徳島県阿波郡市場《いちば》町切幡）の絵図である。

阿波国阿波郡切幡村

四国では、吉野《よしの》川が四国山地に源を発し阿波国を東西につらぬいて紀伊《きい》水道に達している（図1）。切幡村は、この河口に発達した徳島から吉野川にそって約三〇キロほどさかのぼった北岸に位置していた。川筋からは約五キロほど北にあって、讃岐《さぬき》国（現、香川県）と阿波国とを分ける讃岐山脈の南端に接している。

江戸時代には徳島藩蜂須賀《はちすか》家の所領で、藩が一八一五（文化十二）年に編纂した『阿波志』（引用は、笠井《かさい》藍水《らんすい》の和訳。図書出版社刊行の復刻本による）によれば、「等中下陸田十分ノ六、水田十分ノ四、七十七町六反五畝」、村高四八〇石、戸口一二七戸となっている。村の形状は、東西よりも南北に長い楕円状で、その外周は一里一一町四二間（約五キロ余）であった。

往時の地形・景観は、南部は吉野川流域にあって沖

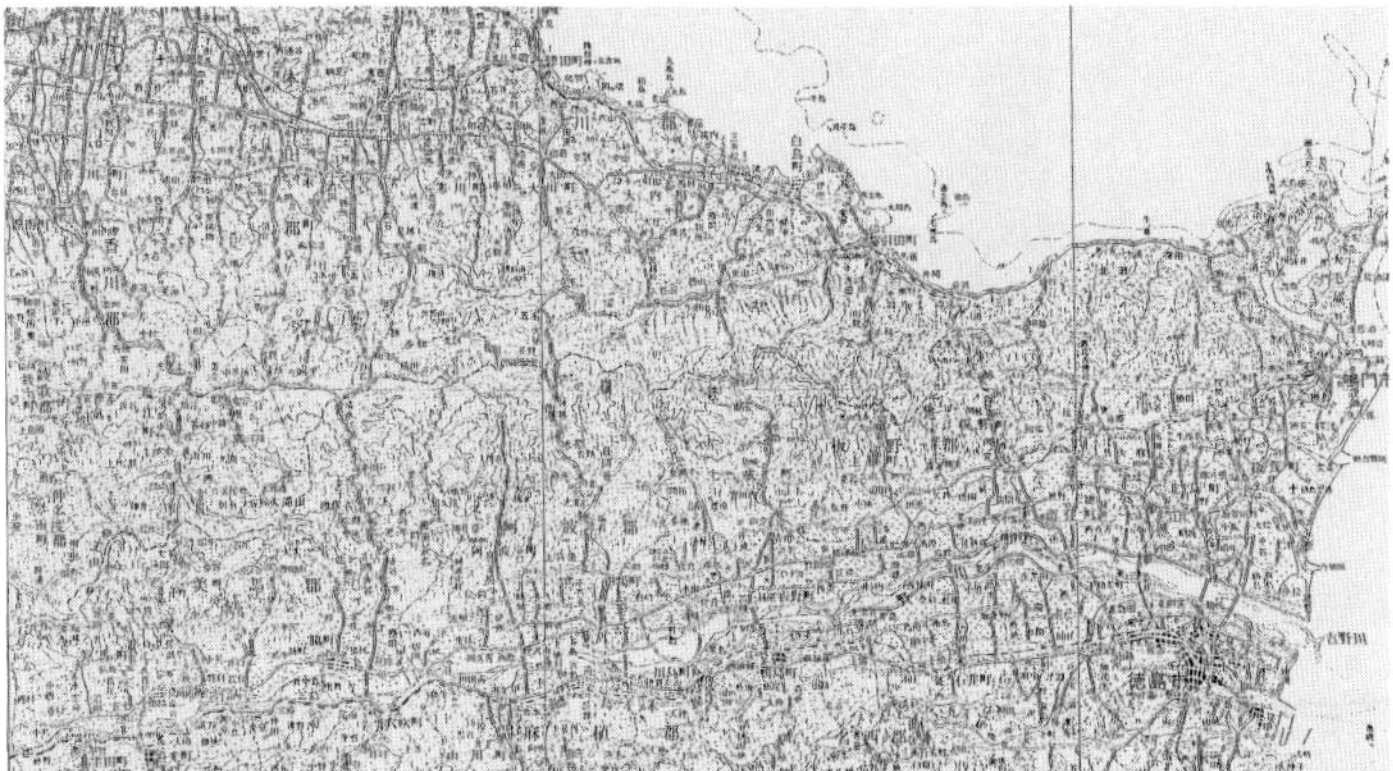

図1　徳島県吉野川流域図(国土地理院発行20万分の１地形図から)

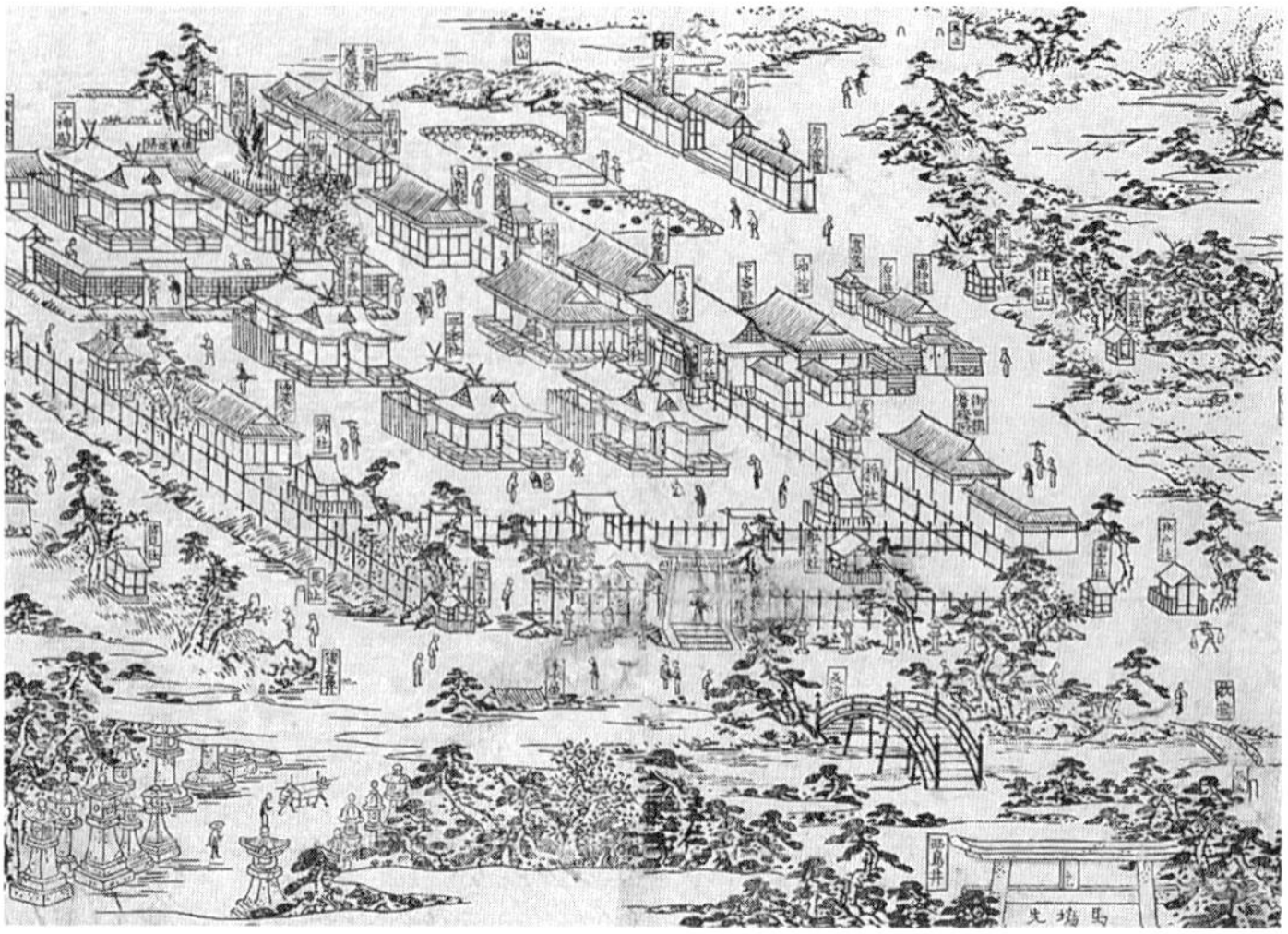

図3　住吉神社古写真

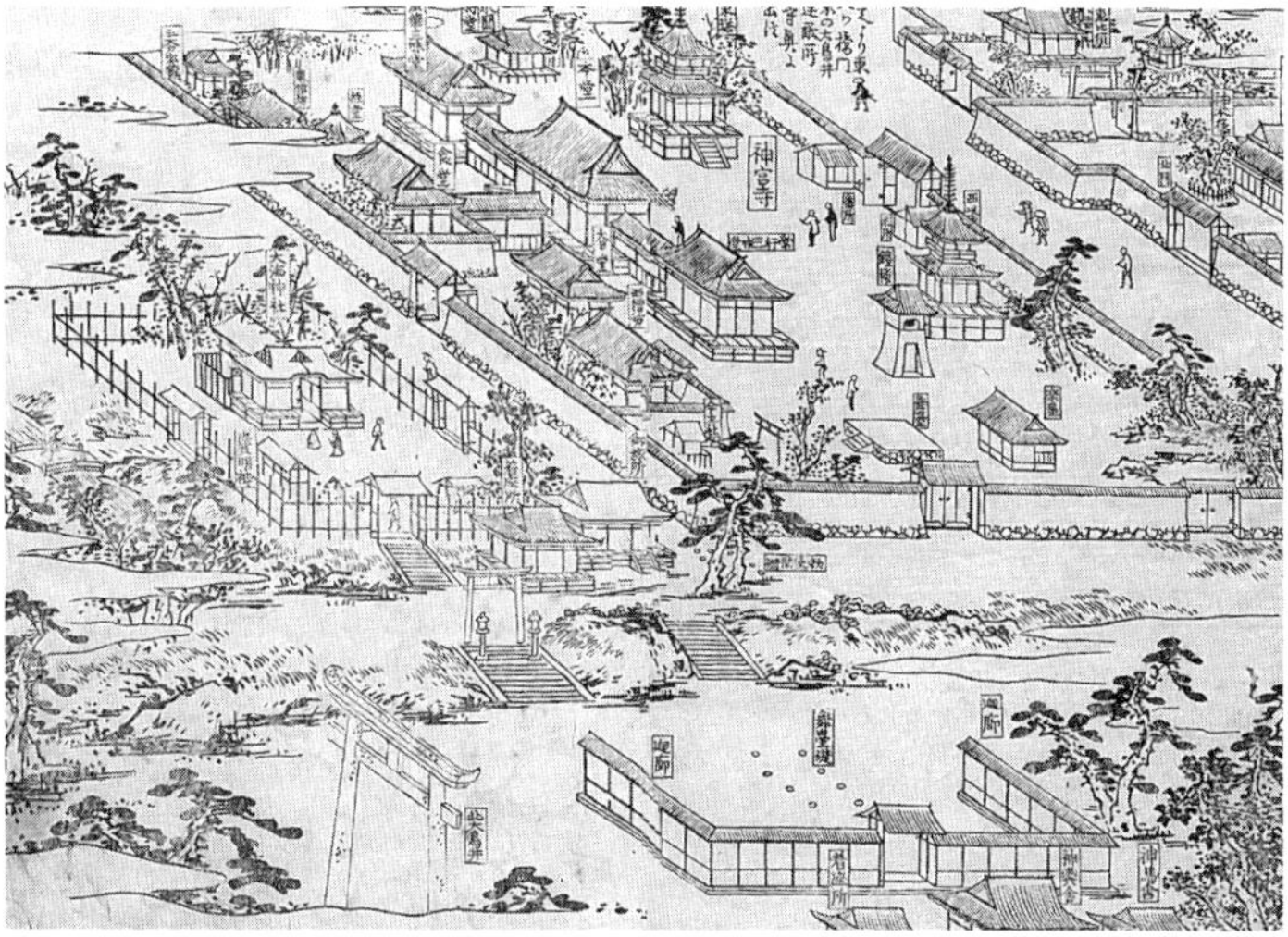

図２　住吉神社・神宮寺境内俯瞰図(『住吉名勝図会』巻１より)

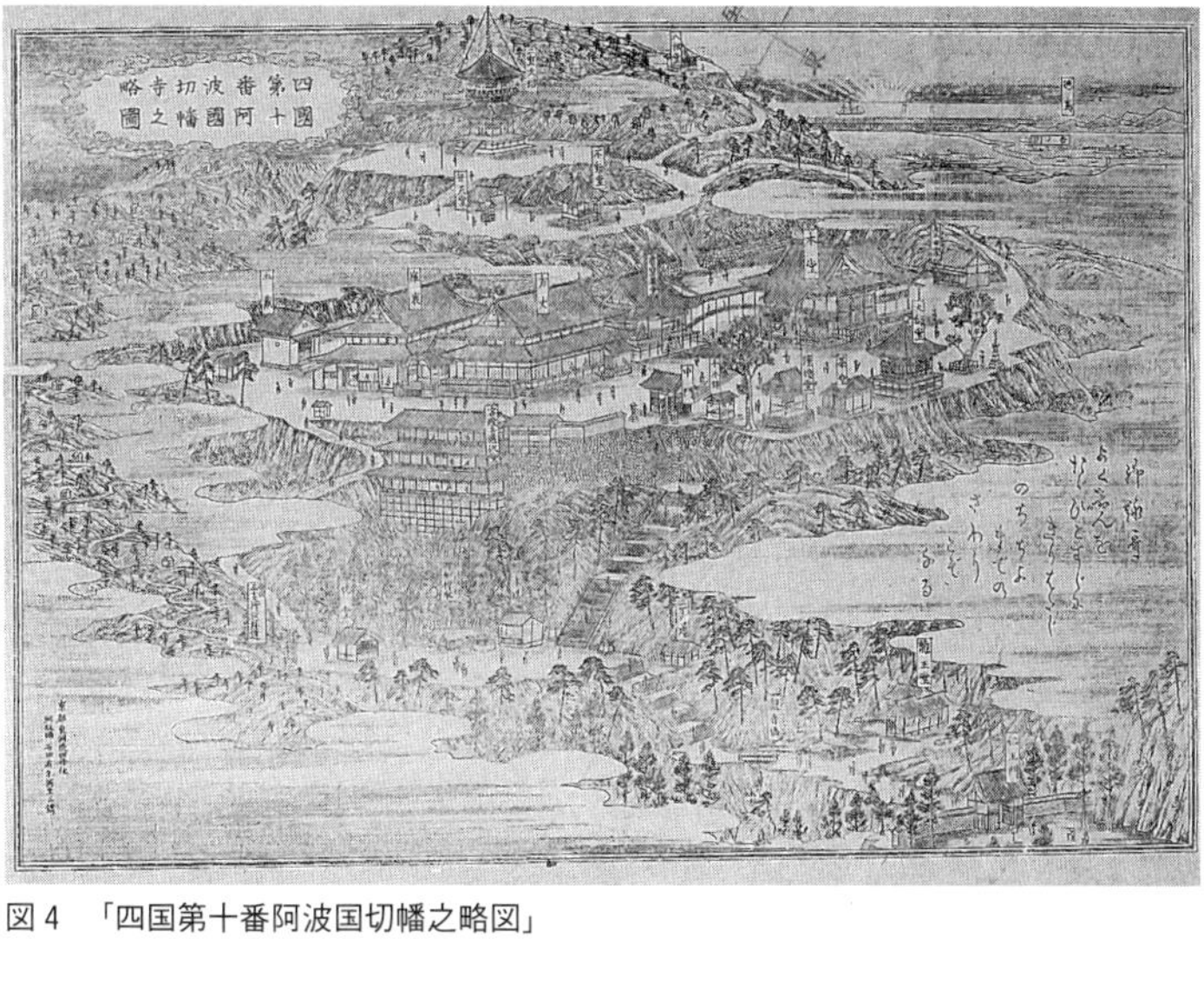

図４　「四国第十番阿波国切幡之略図」

積土からなる平坦地で、北部は讃岐山脈の南端部の傾斜地にかかる。したがって、村域の北半は丘陵地で、耕地は南半の沖積地に広がり、農民の屋敷地もこの平坦地に散在していた。

この村に注目した理由は、村域北部観音山《かんのんやま》南麓に真言宗《しんごんしゅう》の古刹《こさつ》である切幡寺が所在しているためである。『阿波志』には、「切幡寺　切幡山頂に在り……大日、鎮守の二堂あり……暦応二年左兵衛督《さひょうえのかみ》　源　直義《みなもとのただよし》勅を奉じ金堂塔を造る……今又廃す」（暦応二年は一三三九年）とある。ここには、大阪の住吉大社《すみよしたいしゃ》神宮寺から明治初期に塔一基が移築されて現存している。

住吉大社は、宇佐《うさ》神宮が瀬戸内海の西のはずれとなる国東《くにさき》半島に鎮座することに対して、瀬戸内海東側のはずれである大阪湾口にある。社殿《しゃでん》は西の瀬戸内海にむいている。境内は、かつて海にのぞんでいたとされ、瀬戸内海航路の安全を祈願する神社であった。この住吉大社には、江戸時代まで境内北側に隣接して神宮寺が存在していた。江戸時代に住吉大社界隈《かいわい》を描いた絵図類は枚挙に暇がないが、神宮寺境内には塔が二基描かれている（一三二・一三三頁図2参照）。

この神宮寺および境内の諸堂舎は、明治初年の神仏判然令《しんぶつはんぜんれい》により取りはらわれた。このとき、塔の一基は一八七三（明治六）年に売却され、解体されて四国へ運ばれた。この行き先が切幡寺で、一八八二（明治十五）年までかけて当地で再建され、今日に至っている。切幡寺は、四国八十八箇所の十番札所《ふだしょ》でもある（一三三頁図4参照）。

なお、『阿波志』には、村内における他の寺社に関する記述はない。

文化四年阿波国阿波郡切幡村絵図

徳島藩では一八〇七（文化四）年に藩命で、領内各村々に対していっせいに詳細な村絵図の作成・提出を命じたようである。この折、雛形として藩御絵図方《はんおんえずかた》岡崎三蔵《おかざきさんぞう》・山瀬佐蔵《やませさぞう》の描法によったものが示されたらしく、旧領内では類似した筆致による村絵図が何点か残存している。このときに作成された切幡村の絵図が「文化四年切幡村絵図」（図5）である。

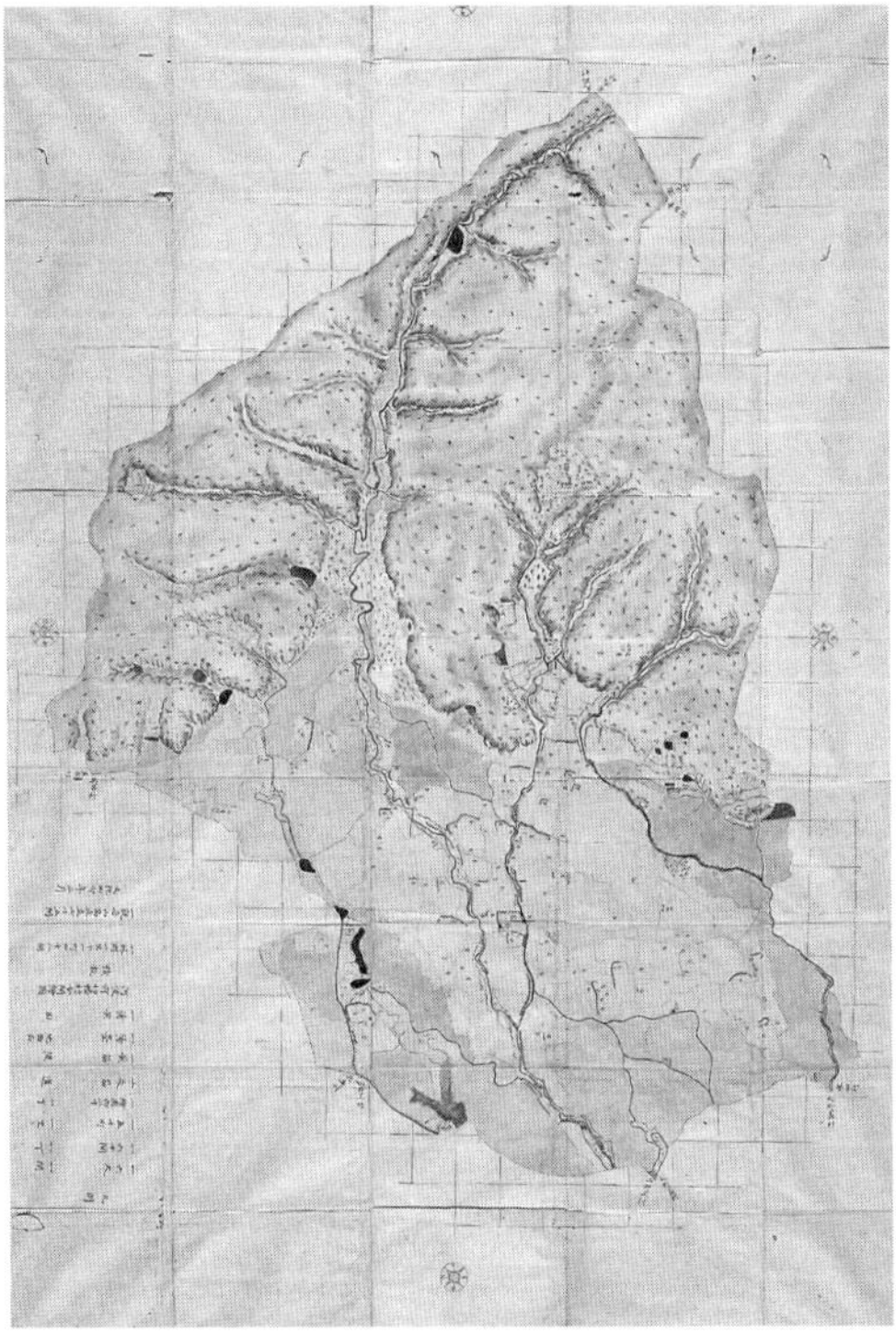

図5　「文化四年阿波国阿波郡切幡村絵図」

この村絵図には、山野・河川など自然地形、往還道、田畑など土地利用、個々の百姓屋敷地に加えて、村域内の宗教施設が個々に記されている。

この切幡村絵図のなかに描き込まれている宗教関係施設は、切幡寺および村内の各所に計一七カ所の祠や堂である。それらは、以下のようにまとめることができる。

(1) 切幡寺

以下の一三棟の建物が記されている。

○境内地…観音堂（本堂）、大師堂《たいしどう》、薬師堂《やくし》・大日堂《だいにち》・虚空蔵《こくうぞう》、切幡寺（庫裏《くり》か）、堂舎《どうしゃ》（用途・名称は不明）、小舎《しょうしゃ》（鐘楼《しょうろう》か）、鎮守、門（中門《ちゅうもん》か）

○参道……龍王《りゅうおう》、姥堂《うばどう》、茶堂《ちゃどう》、仁王門《におう》

○奥院……八祖大師《はちそだいし》

(2) 祠や堂

描かれた形式により、便宜的に四種類に分けておく。

イ　境内地に建物が描かれているもの　三
　a若宮八幡《わかみやはちまん》、bイナリ、c野神《のがみ》

ロ　山野・耕地のなかに、建物の存在のみが記されている祠や堂　六
　d地蔵堂《じぞう》、e鎮守社、f天神社《てんじん》、g若宮社、h山神《やまがみ》、i山神

ハ　山野・耕地のなかに、石塔として表現されているもの　二
　j庚申《こうしん》、k地神《じがみ》

ニ　山野・耕地のなかに、樹木として表現されているもの　六
　l山神、m野神、n舟戸《ふなと》、o山神、p野神、q弁才天《べんざいてん》

これらのうち、ハ・ニの八カ所は、山野・路傍、田畑沿いなどの地に、石造物のみが設置されていたものと考えることができる。

切幡村絵図に記された祠や堂の現状から

そこで、「文化四年切幡村絵図」に記された一七カ所の祠や堂の現状確認をしてみたい。結論からみれば、一四カ所は、地図におとしこまれた場所に宗教関係の構築物が存在している。まず石造物でみれば、規模の小さいものではわずかな大きさの石の祠がおかれているだけのもの、大きいものでは境界で仕切られた場所に覆《おお》い屋《や》や建物におおわれているものまである。また村の神社では、境内地のなかにしかるべき社殿をもっている。

さらに、残り三カ所のうち二カ所は、おおよそ二十世紀半ばくらいまではあったことが聞き取りで確認できる。残りの一カ所だけがなんとも所在がわからない。これらのことから、村内一七カ所の宗教構築物は、この土地のそれぞれの箇所、山、平地などなどの守り神である山

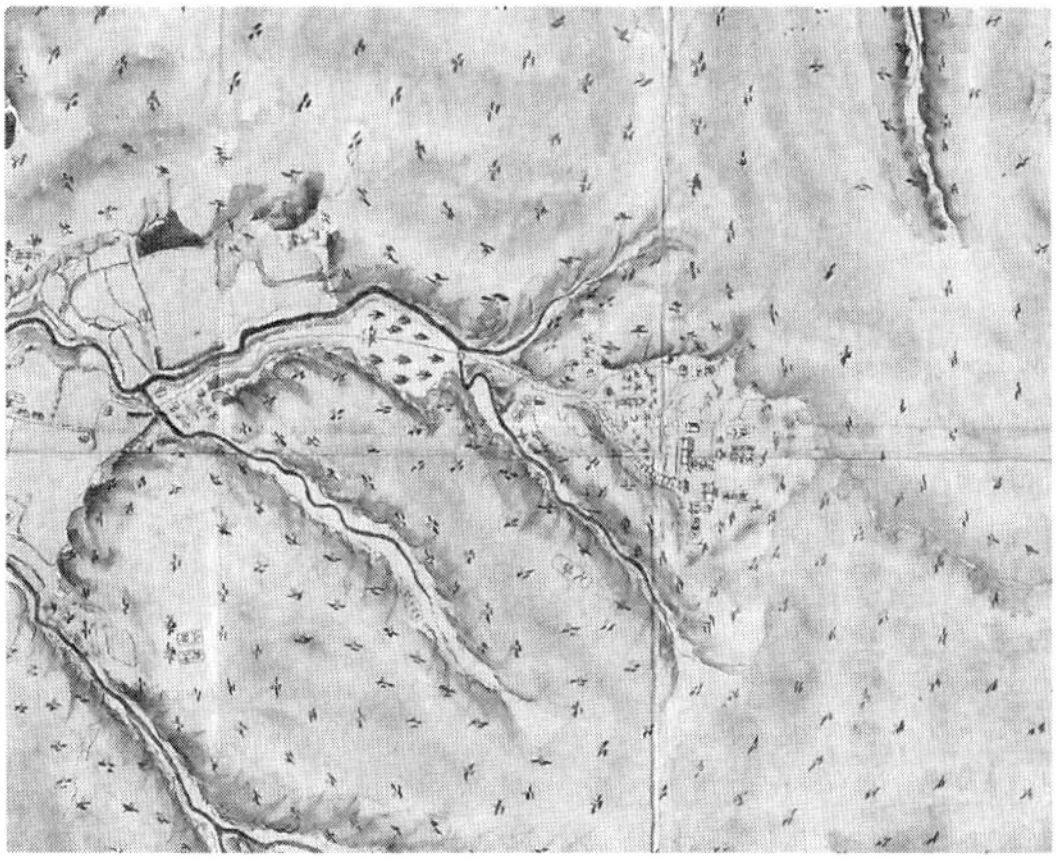

図6　「文化四年阿波国阿波郡切幡村絵図」(部分)

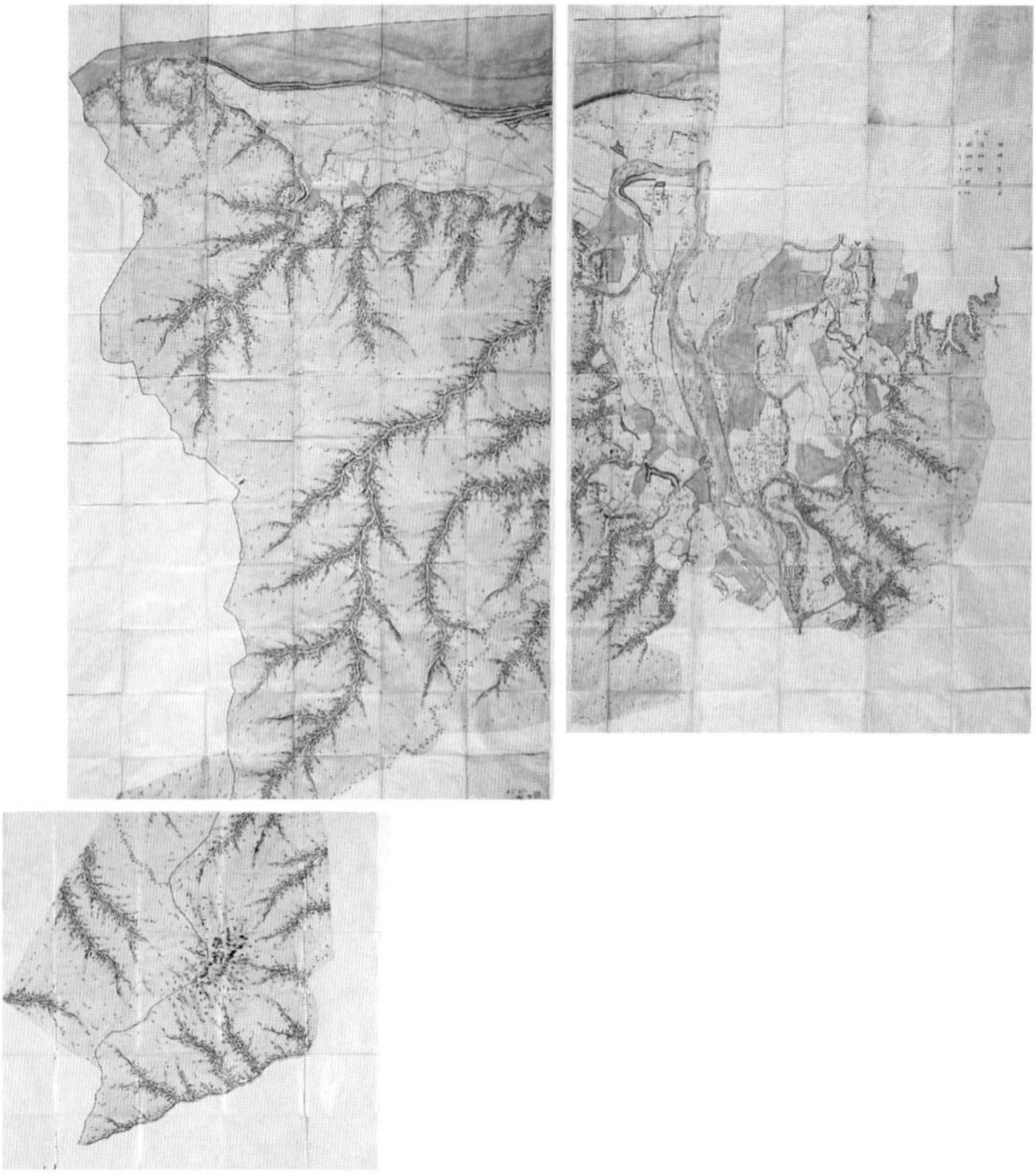

図 7　「文化年間阿波国麻植郡川田村絵図」

神・野神・地神、さらには住人たちそれぞれの氏神などなどになることが想定できる。

戸数一二〇ぐらいの村のなかで、人びとは一七カ所のいろいろな神々に日々囲まれながら暮らしている。それぞれの村びとが交渉をもつ神は、一七のうちのいくつかにすぎないことは容易に推察することができる。ただし、それぞれの日々の生活は、そのいくつかの神と密度濃くかかわりながら営まれていたと考えられる。

この切幡村絵図と同系統の村絵図が、麻植《おえ》郡川田《かわた》村（現、麻植郡山川《やまかわ》町川田）に現存している（前頁図7）。この川田村は、吉野川をはさんで切幡村とは反対側、つまり南側にある。村の規模は、切幡村のおおよそ三倍であり、江戸時代の村としてもかなり大きい村である。この村絵図には、宗教施設がかなりの箇所に描きこまれており、全部で一三三カ所確認することができる。この村には、寺院や神社もあれば、祠、また修験道《しゅげんどう》関係のものもある。正確な数値で示すことは、ちょっと数が多すぎたこと、さらにすべてにわたっては現地確認ができなかったので、とにかくこれだけの数がある、ということだけを付け加えさせていただきたい。

以上のことから、江戸時代の人びとはものすごい数の神や仏に囲まれて生活していたことがわかる。

社寺境内図からみた、江戸時代の信仰

さいごに、今回の展示、歴博平成十三年度企画展示「なにが分かるか、社寺境内図」の展示構成を通観することからあきらかになる、江戸時代を中心とした人びとの信仰のありようについて話をさせ

ていただきたい。

展示室の最初のところで、宇佐神宮の境内図の変遷をおおよそ時代順にみていただいた。この宇佐神宮は、段上達雄さんの報告にもあったように、奈良時代以降、国家の守護神としての立場をずっととっていった。中世には、九州最大の荘園《しょうえん》領主としての立場を誇示していたことも周知のとおりである。

ところで、鎌倉《かまくら》時代には、幕府によって最初の武家法《ぶけほう》である「貞永式目《じょうえいしきもく》」五一カ条が制定された。これは、頼朝《よりとも》以来の慣習法や判例などを成文法としたもので、江戸時代まで武家法の範とされたものであった。この第一条・第二条は、つぎの文言である（原、漢文）。

　神社を修理し、祭祀を専らにすべき事（神社の社殿の維持をはかり、お祭りをきちんとしなさい）

　寺塔を修造し、仏事などを勤行《ごんぎょう》すべき事（寺の堂舎を整えて、仏事を励行しなさい）

さらに、室町《むろまち》時代から戦国時代をとおして、領内にある神社・仏閣をきちんと維持することは、領主たる者の嗜《たしな》みであるとされていた。他方で、他大名《だいみょう》の領国《りょうごく》に侵攻するとき、まず、まっさきに破却する対象の一つにあげられるのが、その地方で核になっている大きな神社・仏閣である（横田光雄「戦国大名と寺社の破壊・修造」『戦国史研究』三二号、一九九六年）。これは、室町・戦国時代まで、さきほど黒田さんの方からも話があったように、神社・寺は、単に宗教施設ではなくて、世俗権力としても大きな力をもっていた。その地域全体に対する核としての影響力を大きくもっていた。であるならば、この拠点である寺または神社を潰すことで、その地方の秩序というものをこわすことができる、という理由からであった。したがって、他国に攻めこんだ場合には、これはまっさきにやっつける対象になる。みずからの領国にある大きな寺社に対しては、この裏返しで、地域秩序をになう拠点としてみずからの組織に組みこむために尊重しなければならない、ということであった。

このように、戦国時代をとおして、大きな寺社は政治勢力としてのせめぎ合いにまきこまれていったなかで、その堂舎・社殿は荒廃の傾向を示していった。これらの復興がなされる時期が、江戸時代の初めごろとされている。その復興過程に作成された境内図が、今回の企画展示では、近江《おうみ》の日吉《ひえ》神社、また備後《びんご》一宮《いちのみや》の吉備《きび》津神社の事例ということになる。

これまでの文脈で述べるならば、豊臣《とよとみ》氏と徳川《とくがわ》氏との覇権争いのなかにおいて、タヌキ親父の徳川家康《いえやす》は豊臣秀頼《ひでより》をそそのかして、秀吉の蓄積した財力をそぐために近畿一円の大きな寺社の修復にあたらせた、という話は以下のように考えられるのではないだろうか。若い秀頼が家康の術数にまんまと乗ってしまったという講談本の説はあるかもしれないけれども、秀頼の方は近畿地方の盟主であろうとすることからくる、領主の嗜みとして荒廃に瀕していた寺社の復興をより重く意識したのではないだろうか。一連の修復によって、豊臣家の威光をはっきり形あるものにさせるという意図があったのではないか、と個人的には思っている。

それはさておき、江戸時代の初めごろから数十年間のなかで、神社・仏閣の境内はおそらく江戸時代をつうじて一番整備された偉容を誇っていたのではないかと考えられる。その一つの例が伊豆《いず》国の三嶋《みしま》大社である。今回の展示では、同大社境内の図面を数点借用している。慶長《けいちょう》年間（一五九六〜一

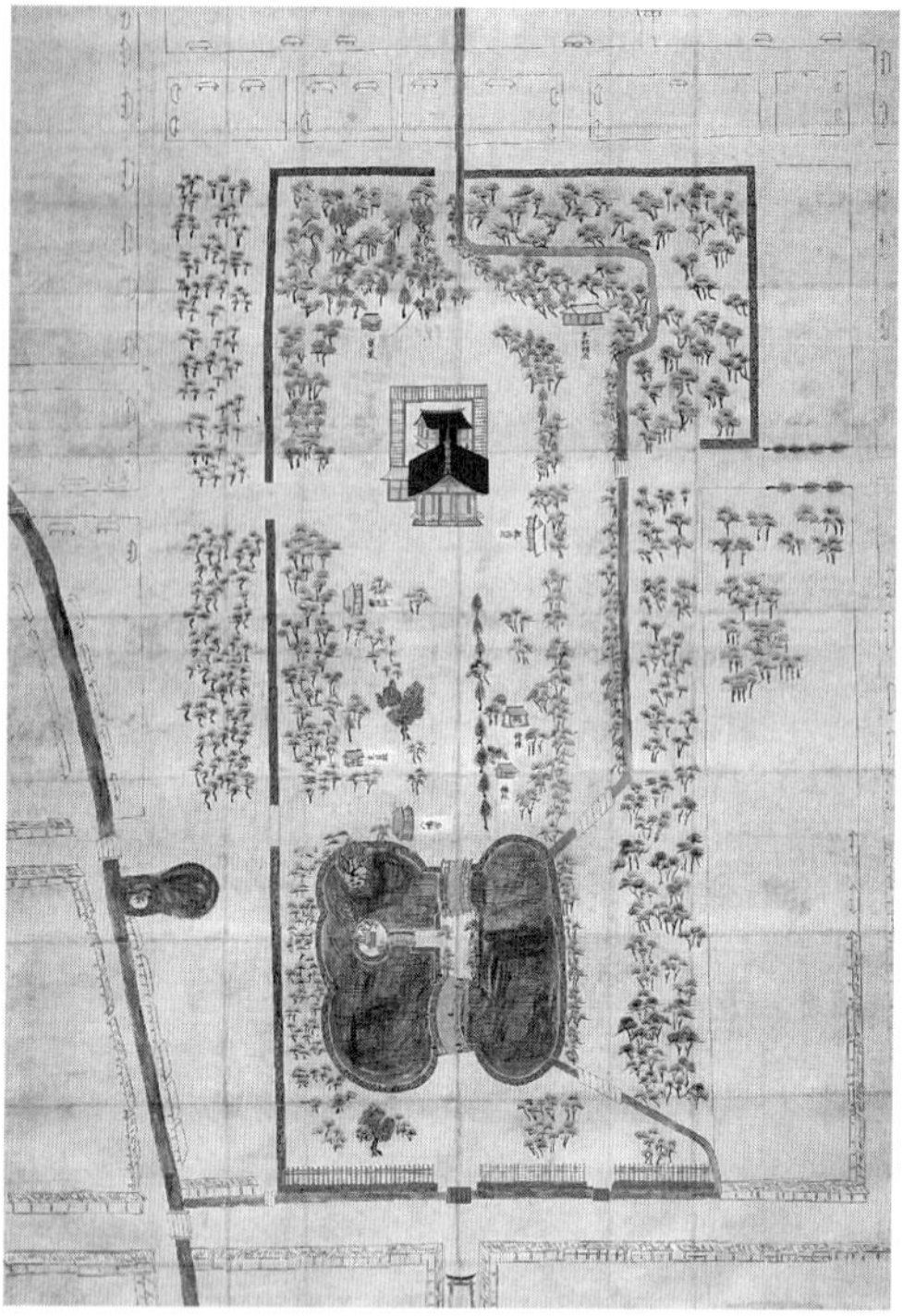

図８　「慶長年間三嶋大社境内図」

六一五）の境内を示したとされる上図８は、家康の社殿修築時に作成されたものとされるが、この段階では境内はまだそれほど整備されてはいなかった。ところが、三代将軍家光《いえみつ》の時代になって、一六三四（寛永十一）年における将軍家上洛《じょうらく》の時期に、徳川家本貫の地にあって縁故のある、さらには関東にあって源氏《げんじ》に縁がある神社などなどの社殿整備を集中して行っている（次頁図９）。これは、徳川宗家《そうけ》が力のぬきんでた大名ではなく、大名たちを超越してそれらの上に立つ公儀《こうぎ》なんだということを形あるものとして具体的に示す施策の一つとみることができる。この施策の頂点に位置するものが、日光東照宮の造替であるということになるであろう。

　このようにして、十七世紀なかばすぎぐらいまでは堂舎・社殿の復興が順調に行われていくが、この世紀のなかばすぎからは新築よりも修復が数を増してくる。ただ、この時期は民衆の仏教に対する帰依という点では江戸時代のピークとしてみなすことができる。上層武家の外護者《げごしゃ》としての行為、それに民衆の喜捨《きしゃ》とがあいまって、十七世紀末から十八世紀初頭の元禄《げんろく》年間（一六八八〜一七〇四）には南都《なんと》東大寺《とうだいじ》大仏殿《だいぶつでん》の再興、信濃《しなの》の善光寺《ぜんこうじ》本堂（次頁図10）の修築などが可能となる。これらの規模の建物は、この時期であったからこそたてられることができるものであった。

それが八代将軍吉宗《よしむね》の時代の享保《きょうほう》年間（一七一六〜三六）になってくると、幕府財政の悪化が顕著になる。そこで吉宗がやったことは、それまで本来は武家みずからが負担してきた施策の遂行を民衆に転嫁することであった。この典型的な事例が、江戸の火消しはそれまで大名や旗本《はたもと》の課役であったが、町火消しを創設させて武家の火消しに加えたことであった。寺社の建物修復に関する支出についても同様の方策がと

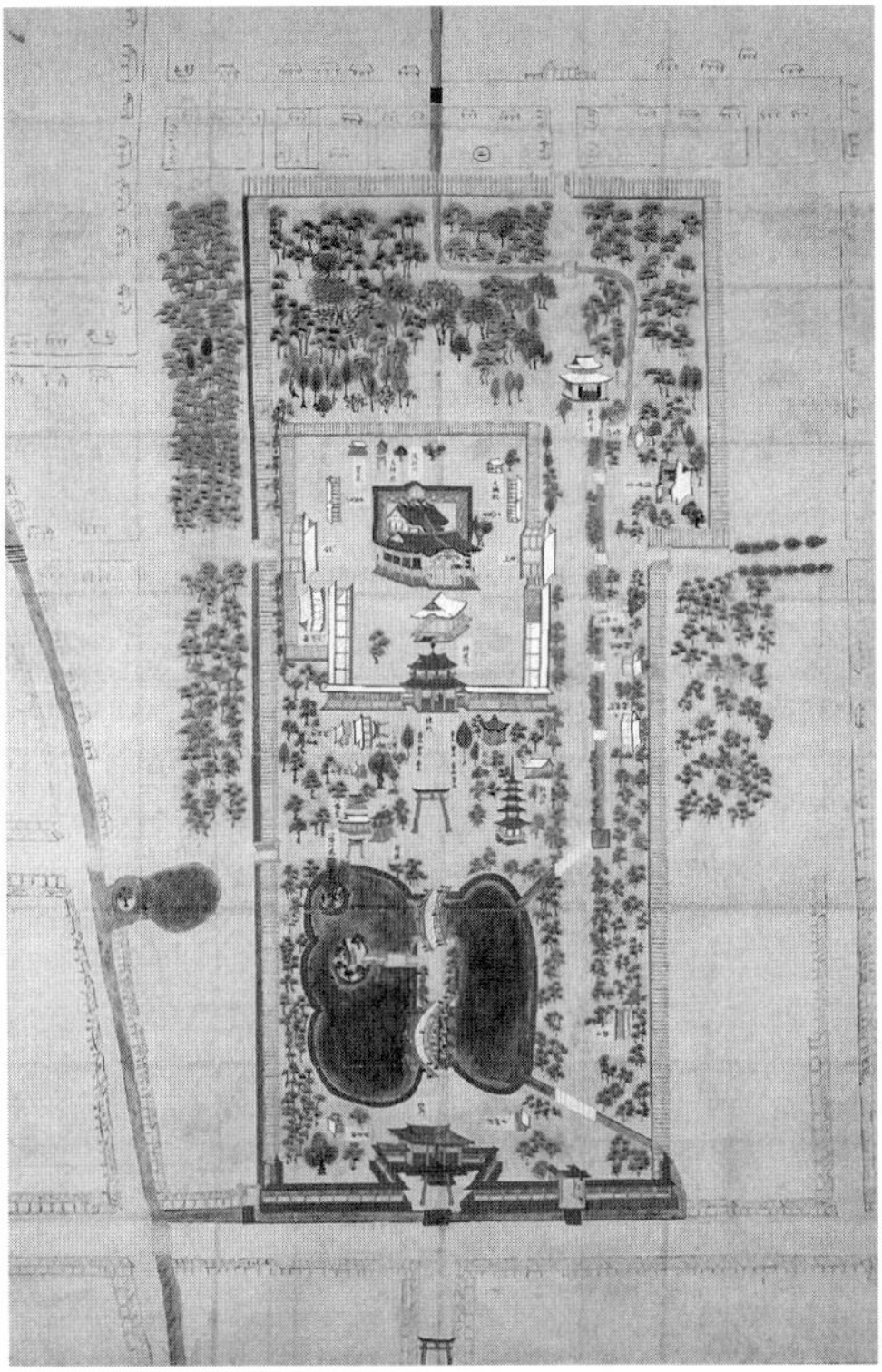

図９　「寛永年間三嶋大社境内図」

られた。

図10　信州善光寺本堂
寺社建物は木造であることから、屋根がもっとも傷みやすいことはもちろんとして、数十年を周期として、たえず修理をしていかなければならなかった。寺社建物の修理費用のうち日常的な小修理については、幕府や藩からくだされていた朱印領《しゅいん》・黒印領《こくいん》のなかに含まれていた。しかし、屋根の葺き替えなどの規模のものは、その都度に手当てをしなければならなかった。それの費用は、寺の檀那役として、また外護者の負担としてまかなわれていた。幕府を始めとして武家の財政に余裕があった十七世紀までは、その負担に応じることも可能であった。ところが、十八世紀にはいると、武家の財政からそれができなくなる事態となっていった。そこで、元禄年間前後にみられた広汎な一般民衆からの喜捨行為の高揚に着目して、堂舎修復のための負担を一般民衆へ転嫁させていった。
具体的には、民衆からの喜捨を集めることのできる宗教行為であり、かつ募縁手段であった開帳《かいちょう》・勧化《かんげ》・富突《とみつき》を幕府の認可制にすることで、幕府みずからが助成を行う代わりに、募縁手段の裁可をもって幕府の恩寵とすることであった。この施策の実際は、募縁そのものは寺社の裁量にまかせ、民衆からの喜捨を集める機会を助成するものとして募縁活動の周知に必要な触れを公許とすることだけであった。

開帳とは、寺の霊験《れいげん》ある仏像や秘仏さらには霊仏霊宝を、数日から数十日までの一定期日をかぎっておがませる機会をさした。本来は、その寺自身の境内で行われるものであったが、江戸時代には江戸や大坂、京都などなどの繁華の地にもちだしてきて行われた。この都市における開帳は、都市居住者・信仰・ある程度の余裕の存在を前提とし、されど遠隔地までの物詣でにはいくことができない、という人びとのありように適した募縁であり行楽の形態であった。江戸時代であれば、十七世紀後半から十八世紀にかけての時代状況がその段階にあたっていた。江戸の場合、小林計一郎氏が信州善光寺の事例としてあきらかにした開帳の収支では、元禄年間には経費の一〇倍にあたる収益があった。

江戸時代の勧化とは、ある寺社が一定の年月に一定の地域、たとえば江戸市中および下総《しもうさ》・上総《かずさ》・安房《あわ》についてむこう三カ年間、信仰に伴う募縁金を集めてまわることを、幕府によって許されることで成り立つものであった。また、富突とは、宝くじ興行のようなもので、特定の場所で定められた年月に定められた回数の興行を行うものであった。つまり、寺社の自助努力を応援するものとして、江戸時代中期以降の幕府による寺社堂舎修復への助成政策は展開していたのである。

この政策が存在したことの前提には、自分の菩提寺《ぼだいじ》への檀那役をつとめれば、あとはみずからの信仰・信心を制約なくすることができる、という社会の約束事が存在するはずである。そして、江戸時代に作成された社寺境内図とは、人びとの制約されない信仰・信心を前提として作成されたものが多いのではないか、ということを申しておきたい。

おわりに

今回の展覧会で取りあげた一つに、立山《たてやま》信仰がある。その信仰を具現するものとして、「立山曼荼羅《まんだら》」と通称される、信仰のありさまを絵画として描いた曼荼羅がある（図11）。これは、立山の麓にある芦峅寺《あしくらじ》や岩峅寺《いわくらじ》に住んでいた御師たちが、曼荼羅絵を掛け幅仕立てにして尾張《おわり》などなどを始めとする信仰圏へになっていったものであった。御師は、しかるべき庄屋か大地主かの家の座敷に村の人たちを集め、掛け幅を示して立山にまつわる霊験の講釈をした。そのうえで、きたる年の夏には、ぜひ立山にお参りにいらっしゃいということになる。

図11　「立山曼荼羅」（芦峅寺系・佐伯家本）

それが、それなりの効果があったのは、江戸時代の人びとには信仰をみずからの意志で選べる条件があったからである、ということになる。

また、江戸時代後半にはいってくると、寺社境内や霊験を描いた木版刷りの刷り物が随分たくさんでてくる。このことも、民衆世界の人びとの受容をあてこんで作成され、それが今日に残っているとみなすことができる。

江戸時代には人びとの信仰に関して、かなり自由な選択があったことを前提として、こういう神や仏のいる風景、社寺絵図というものがあったのではないのだろうか、と私は今考えている、ということを聞いていただいた。

第二部　討論

神と仏のいる風景

【司　会】　濱島　正士

【パネラー】　青山　宏夫
大久保純一
黒田　龍二
段上　達雄
湯浅　　隆
吉井　敏幸
（五十音順）

社寺境内図

濱島　朝から熱心にお聞きいただきましてありがとうございます。討論は、なるべく今までの報告をふまえて進めていきますが、大きく二つの内容に分けたいと思います。一つは、社寺境内図《しゃじけいだいず》とはどういうものかということ、もう一つは、神と仏が、神仏習合《しんぶつしゅうごう》も含めて、当時の人たちにとってどういうものであったのか、ということです。そのなかに、会場の皆さまからいただきました質問も、取りいれていきたいと考えています。

最初に、社寺境内図とはどういうものなのかということですが、大久保さんの報告のなかで、この絵図と、普通絵画といっている美術作品的なものとを分けた話がありました。これらの違いについてお話をいただきたいと思います。

大久保　いわゆる絵図と絵画の違いというのは、そういった定義がかつてされたことがあるのかどうか、私もよくわからないのですが、『広辞苑』で「絵図」を引きますと二つの意味がでてきます。一つは「絵・図」で同じです。もう一つは「家屋・土地などの平面図」とでていまして、おそらく、本日のテーマである社寺境内図はこの二番目の意味になるだろうと思います。ただ、そういう定義を踏まえますと、今回も、必ずしも平面図ではない、立体的な概念図のようなものも随分含まれています。ですから、その境界線はきわめてあいまいです。あえて境界を引くとすれば、絵図というのは、ある特定の目的をもって描かれた説明的な図で、その特定の目的のなかにはふつう、鑑賞という行為

図１　「討論」の様子

図２　フォーラム会場

はいらないというふうに思います。

あとは描写の質というのでしょうか、これもまた言葉であらわしにくいものですが。たとえば十八世紀の京都の画家で、曾我蕭白《そがしょうはく》という画家がいます。エキセントリックで、個性的な画風を得意とした画家です。この曾我蕭白が活動していました同じ時代の京都に、円山応挙《まるやまおうきょ》という、当時としてはかなり写生的な画風を得意とする画家がいました。画壇の人気は、圧倒的に応挙のほうが高かったわけです。応挙の場合は、写生を基盤としてそのうえに適度な装飾性を加えていくという画風でしたので、絵がわかりやすいということが人気の要因の一つだと思うのですが、曾我蕭白は、その応挙の絵を評して「絵図が欲しければ円山主水《もんど》（応挙）よかるべし、画が欲しければ我に求めよ」というのですね。この場合の絵図というのは、いわゆる絵図面――われわれは十分定義もしておりませんが、一般的にイメージされている実用的な絵図面のことでしょう。画というのは鑑賞性の強い、芸術的なとかりにいうことができるものかもしれません。

この蕭白の言葉には、写生的なリアリティの高いもののほうが絵図に近くて、個性的なもののほうが画である、というような意識もあらわれているのだと思います。多分に応挙に対するやっかみもあるでしょうが。ただ、東洋の絵画の理念では「気韻生動《きいんせいどう》」ということを重んじます。描くべき対象に内在する本質といったものを画家は描くべきであって、形似《けいじ》は二の次である、写実性はさほど重視しないという根強い伝統があります。それは、江戸時代までもずっと続いていまして、円山応挙とか、あるいはさまざまな洋風画家が写実性の高い絵をたくさん描いていますが、画壇の伝統的な理念のなかでは、彼らの描く絵は一段低くみられている傾向があります。

ですから、初めに無理やりした定義と、もう一つ加えてリアリティの度合いというのも、場合によっては絵図と絵を分ける境目になるのではないかと思います。ただ、その境というのはきわめてあいまいで、主観的なもので、人によってあるいは時代によって、どこに引くかというのは、かなり違うのではないかと思います。

濱島　どこまでが絵図で、どこからが画なのかというのは、もちろんはっきりしないわけですが、鑑賞のためではなく、なんらかの情報を伝えるものが絵図である、そういう言い方もできるのかもしれないと思います。

それでは、社寺境内図とはどういうものかということですが、段上さんは宇佐関係のものをある程度種類分けをして説明されました。そこで、もう少しその辺のところを広げた話をお願いしたいと思います。

段上　寺社絵図がつくられる場合には、必ず目的があるはずですね。その目的は、いくつかに分類できると思います。

一つは、その絵自体が信仰の証として描かれていくもの。たとえば、応永《おうえい》の古図のように宮曼荼羅《みやまんだら》的な性格、これは記録的な要素もありますが。あるいは、縁起《えんぎ》のような絵解きに使われるもの。あるいは、宇佐宮《うさぐう》ではありませんが、下松《くだまつ》の花岡《はなおか》八幡宮の「例祭巡行絵馬」のように、神の一番はなやかな晴れの日の姿を神社に掲げる。それによって神自体のすばらしさ、あるいは神の力みたいなものを

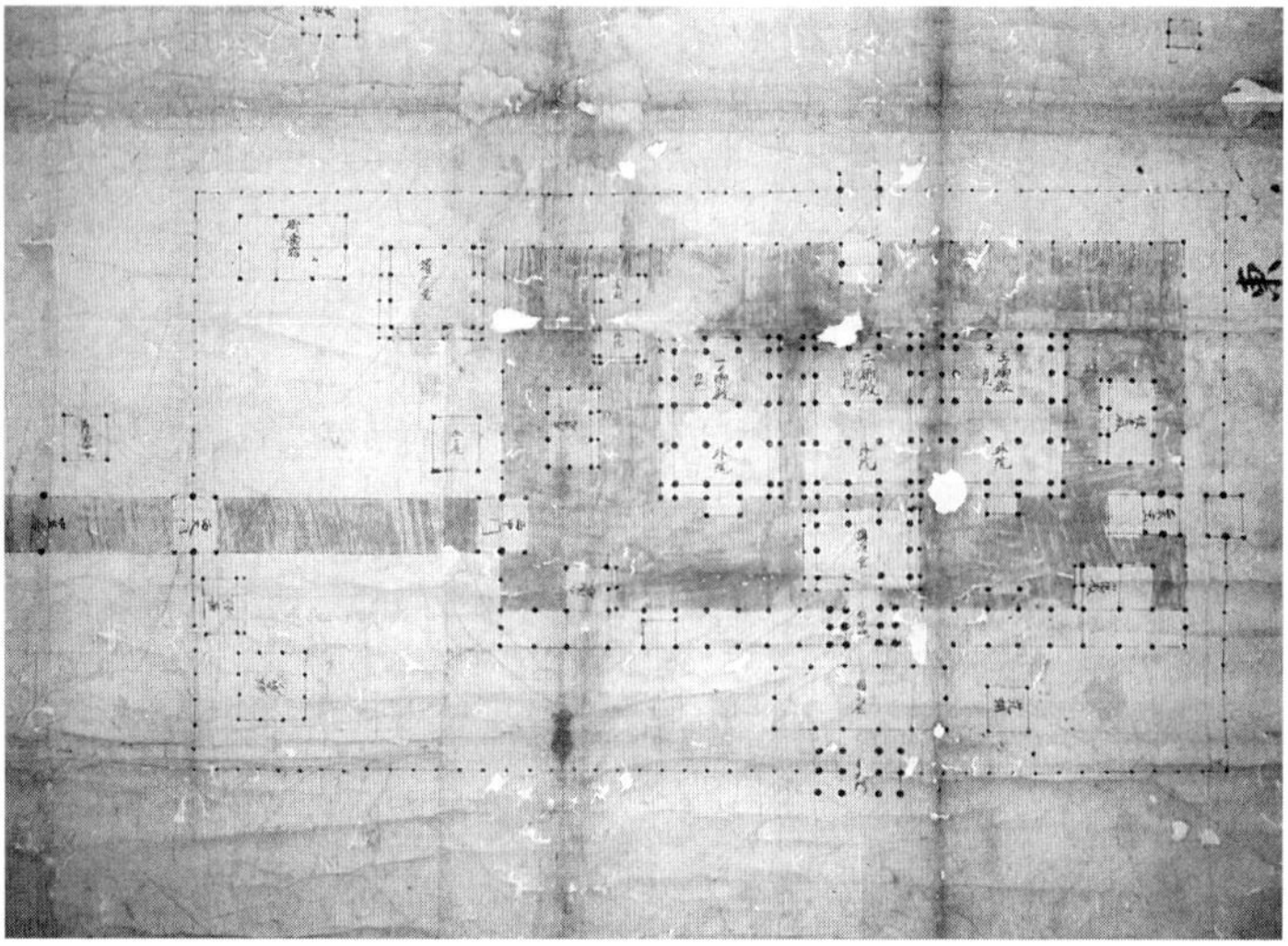

図３　「宇佐宮並弥勒寺造営指図」

示していく、祭祀・祭礼を記録して、一つの信仰の表れとして奉納する。そういう信仰というのをあげることができると思います。

もう一つは、徹底した記録としての絵図があります。それは修理であるとか、建立だとか、あるいはそれの完成予想図ですね、こういう形に修復したい、こういうものをつくっていきたい、そのための図面。あるいは、火事になった場合の報告のための図面であるとか、あるいは祭礼・祭祀といったものを記録として残していく、そういう意味で描かれたもの。あるいは建物や境内全体、その周辺も含めて、領域はこういう形でつくられて構成されているんだという記録性の高いものなどがあります。

そして、最後に考えることができるのは、いわゆる観光用の広報・普及用の絵図。

このように三つに分けましたけれども、それぞれが完全には分けにくいものなんですね。寺社の場合は、どうしても信仰というものがつきまとってきますから、宗教的な部分を排除することはなかなかむずかしいわけです。一つのなかにいろいろいりまじっているために、それがどうやって、あるいはどういう目的でつくられたのかが、逆にわかりにくいものになっているのではないかと考えています。

濵島　質問のなかにも、なにを目的として、いつごろから、どのような人の手によって描かれたのかというのがありました。なにを目的にしてというのは、今、お答えがありました。それで、いつごろからというのは少し後回しにしまして、どのような人の手によったのかということですね。ふつう、絵画ですと、画家の流派があるようですが、この社寺境内図、一般的な情報を伝えようとするもの、信仰的なもの、あるいは観光用的なものも含めて、どういう人たちが制作したのか。今一度、大久保さんにお願いします。

大久保　さきほどの曾我蕭白の言葉にありますように、根っこのところでは「絵師たる者、絵図を描くべきでない」とか、「絵師が描いたものは絵図ではない」という意識があるのかもしれません。今回の展示場にならんでいるものなどをみまして、屏風絵《びょうぶえ》とか鑑賞性の高いものを除きますと、いわゆる絵図で流派性の明確なものというのは、ほとんどないように思います。まったくないわけではなくて、一部、江戸時代後期のものに、おそらく南画《なんが》の素養をもつ人の筆になると思われるものが、何点かあったりするのですが、いわゆる絵図として紹介されているものに関しては、流派的な特徴があらわれていません。むしろ、建築史あるいは地理学の方に、ご教示いただければと思います。

濵島　建築史のほうで、黒田さん、いかがでしょうか。

黒田　再建のための絵図ですと、再建の関係者が注文してだれかに描かせることになるでしょうから、それはそれでちゃんとした目的をもっているので、絵画的なものにはならないと思います。日吉社《ひえしゃ》の桃山再建時の絵図や備後一宮《びんごいちのみや》のものは、専門の画家というよりは職人的な絵師が描いたも

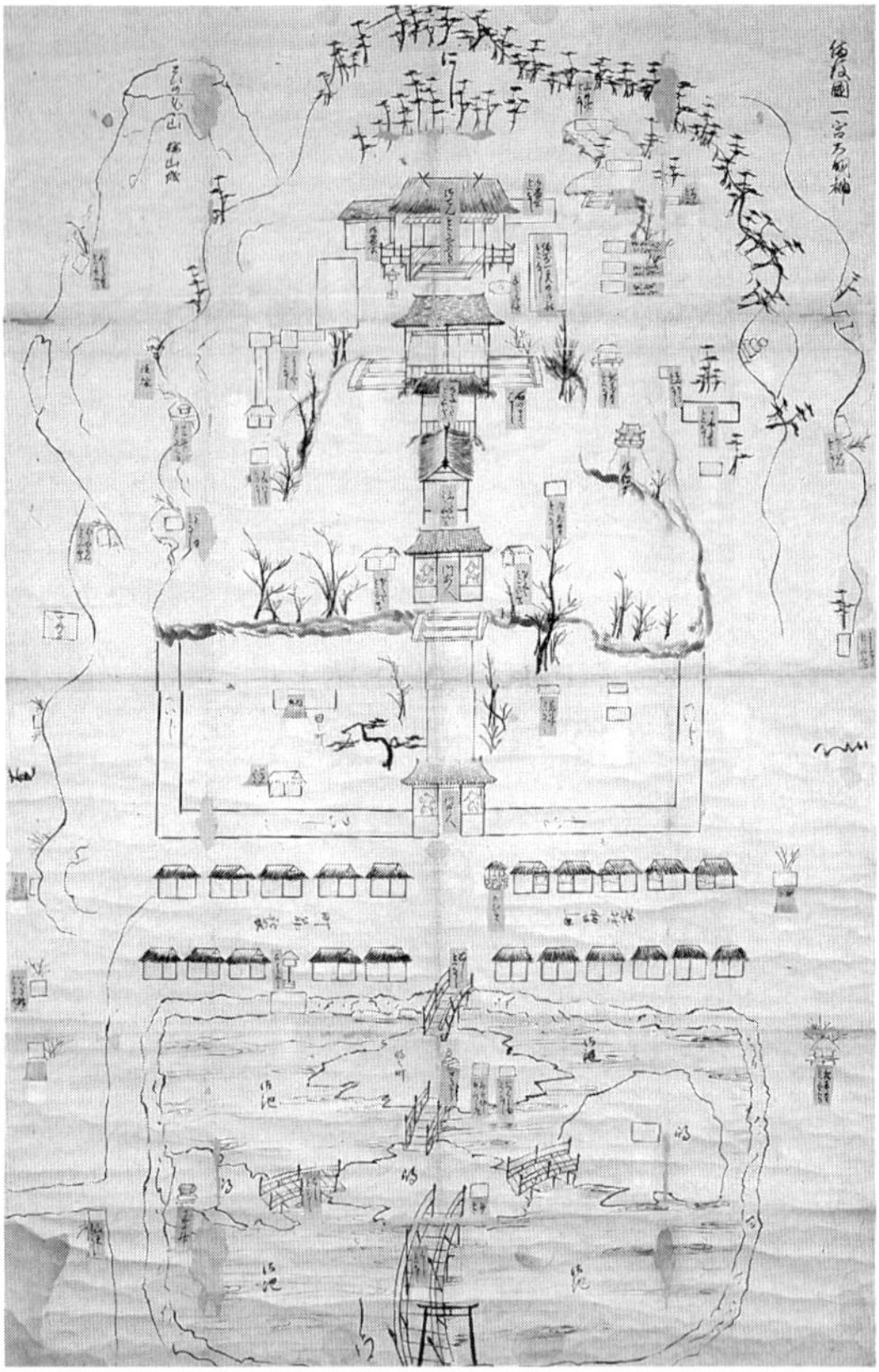

図４　「備後国一宮大明神絵図」

のような気がします。

濵島　もうお一方、地理学のほうから、青山さん、いかがでしょうか。

青山　社寺境内図をだれが描いたかということですが、直接的にそれを考える資料を私は知らないのですが、中世のほかの絵図、たとえば神社が領主になっているような荘園《しょうえん》絵図などをみますと、おそらく、神社に所属するような絵師がいて、それが描いただろうということが考えられる。寺院や神社などになんらかの関係をもっている絵師たちというのは考えておくべきだろうと思います。

作者の問題はその程度しかお答えできないのですが、最初にあった絵図とはなにかということに話を少し戻してよいでしょうか。さきほど大久保さんから、「絵図」を『広辞苑』で引かれて「家屋・土地などの平面図」とある、あるいは絵図の定義として「ある特定の目的をもって描かれた説明的な図」というような話がありましたが、私の専門としている地理学あるいは地図史の用語でいいかえると平面図というのは、空間あるいは地表の景観を構成するいろいろな要素、たとえば寺院や神社などいろいろな要素があるわけですが、それらの位置関係をなんらかの空間変換によって、紙の上にその空間を再構成したものということになります。

それで、絵と地図、あるいは絵と絵図が――私は、絵図というものは地図的なものだと思っているんですが、その絵と絵図がどこが違うか、これはむずかしい。明確な境界がおそらく引けないことになるのですが、「視点」という観点からこの問題をみてみると、絵というのは割合に低い視点でみていることが多い。これに対して、絵図というのは高い視点をもっている。今は、一応こういっておきます。なぜ絵図が高い視点をもっているのかというと、景観の構成要素の位置関係を示すためには、高い視点をもたないと描けないからです。

今、私は高い視点をもつものを一応、地図あるいは絵図といっておくといいました。しかし、絵図の別の側面をみてみると、じつは絵図というものは低い視点をとっていると思っています。どういうところで低いかというと、それぞれ個別の景観要素の表現については視点を低くとっています。それを紙の上に空間的な位置関係を示しつつ表現する場合に、高い視点をとらざるを得ないということになるわけですね。

だから、大久保さんの報告のなかで、俯瞰《ふかん》的な描写と透視図法的な描写ということがありましたが、絵図のなかでそれをどう解釈するかというと、個別の景観要素の表現と、絵図全体の空間の表現とをどうとらえるかという問題になるのではないでしょうか。絵図の視点というのは、絵図全体にかかわるレベルと、景観の構成要素の表現部分にかかわるレベルとを考えていくことが必要なのではないかと思います。

それから、この視点の高低の問題ともかかわるのですが、絵図とはなにかを考える場合に、「差図」との比較において考えていくことも必要であろうと思います。もっとも一般的な用語としての「図」のなかに、絵画的表現による部分をもつ「絵図」と、絵画的要素をほとんどもたず、墨一色で描かれた簡略な「差図」があるわけです。つまり、絵画的要素をもつ図が絵図であるということです。そして、その絵画的要素は、低い視点で描かれることが多いということになるのではないでしょうか。

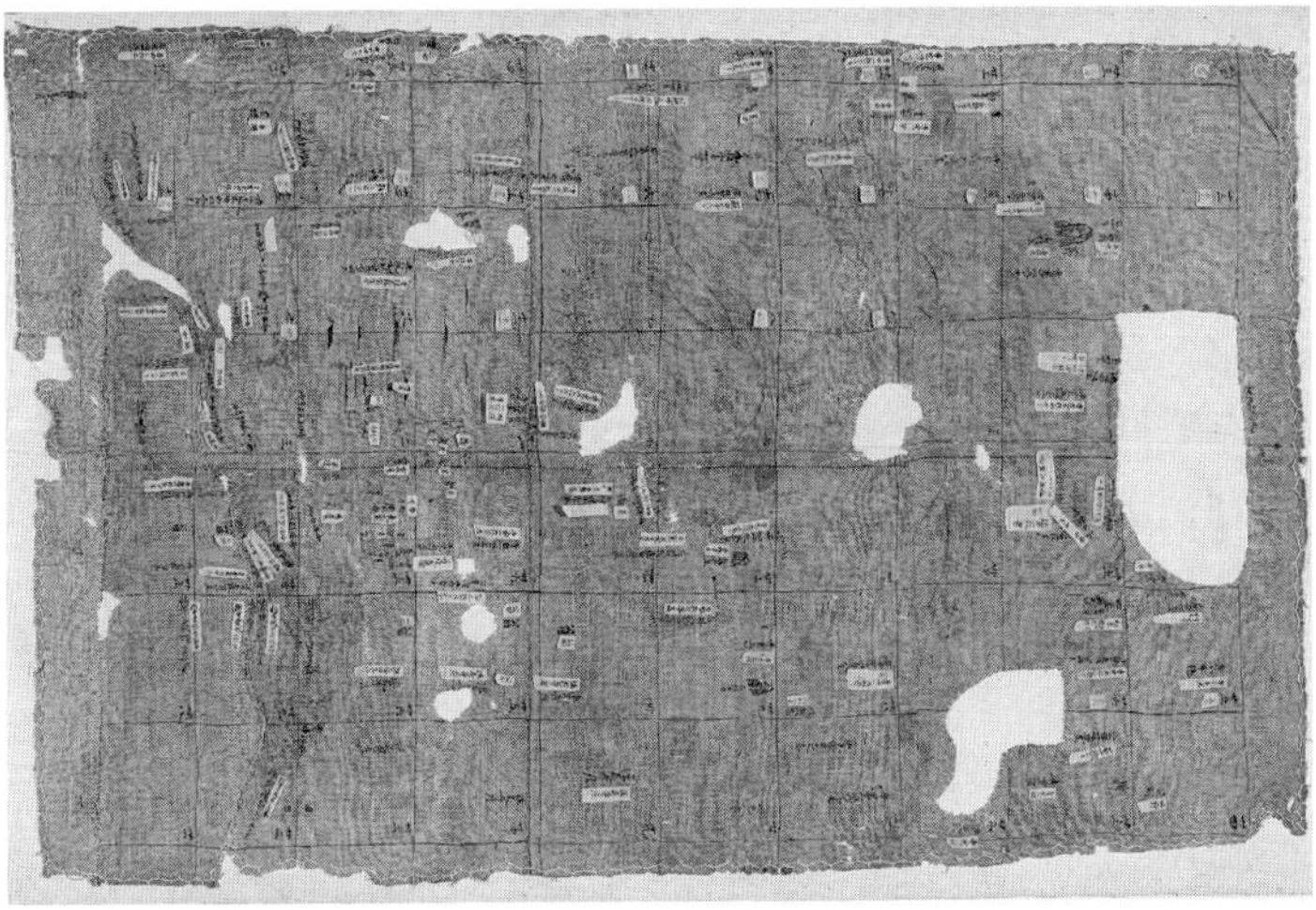

図５　「額田寺伽藍並条里図」

濱島　さきほどの質問のなかで、いつごろから、ということがもう一つあります。今回の展示をご覧いただきますと、一番古いものに鎌倉時代のものがあります。「春日社寺《かすがしゃじ》曼荼羅」がそういわれていますし、「慧日寺《えにちじ》絵図」も、あるいは鎌倉までさかのぼるかなというものです。もう一つさかのぼってみますと、歴博の収蔵品の一つに「額田《ぬかた》寺《でら》伽藍《がらん》並《ならびに》条里《じょうり》図《ず》」という奈良時代の絵図があります（図５）。これは、条里を平面的に描いて、その一部に額田寺の伽藍が描かれている。建物が、塔とか金堂とか、それとわかるように、ほぼ立面図的に描かれたものです。これも社寺境内図の範疇にはいるとすれば、奈良時代からあるといえるのですが、青山さんいかがですか。

青山　額田寺の図を社寺境内図とみるかどうかという問題はあると思うんですね。つまり、地表の景観要素のなかに寺院、神社があるというのは事実ですから、当然、描き込まれるわけです。しかし、絵図も含めてあらゆる地図が、すべての景観要素を描くものではありません。そこに情報の取捨選択が行われるから、地図化することの意味が生じてくるんですけれども、寺院や神社はランドマーク、目印になりやすいものですから、地図や絵図にはよく描かれます。

ある地域を描くときに神社や寺院を描くことは多いわけですけれども、それを社寺境内図といってよいのかどうかの問題ですね。額田寺の図の場合は、寺院の境内を描くことが主たる目的であったのかどうか。この点でいえば、この図は社寺境内図としてみることができる側面をもっていることは確かですが、これを社寺境内図として位置づけることについては、否定的にならざるを得ないわけです。たとえば、中世の近江《おうみ》国葛川《かつらがわ》を描いた「葛川絵図」という絵図がありますが、これには葛川明王院の境内が大きく詳細に描かれていますが、これを社寺境内図とする見方はあまり一般的ではないように思います。

濵島　要するに、制作目的が一番大切だということでしょうか。

さきほどの宇佐宮の「応永古図」ですが、三隅には、かなり離れたところの摂社を描いています。そうしたことからしますと、たとえば「慧日寺絵図」との比較はできるのでしょうか。

段上　「慧日寺絵図」のほうは、画面のなかに磐梯山がはいっていたり、猪苗代湖が描かれているというように、かなり景観描写を意識して描かれていると思います。それにくらべて「応永古図」のほうは、自然景観としては、川と林が中心になってしまいます。慧日寺のほうが、自然景観をあらわそういう意識がある。それに対して宇佐宮のものは、位置関係を示すために川などをいれるにしても、距離感とかそういうものがもっと大ざっぱに、たとえば信仰拠点となる薦《こも》神社であるとか、あるいは和間《わま》の浮殿《うきどの》なんかをブロックのままもちこんできている。同じように宮曼荼羅的な性格をもっているのではないかとは思うんですけれども、描き手の意識が少し違うのではないかと思います。

濵島　さきほど青山さんが報告のなかでいわれた「慧日寺絵図」の場合には、もちろん非均質ではあるけれども、自然的な、地理的という空間情報を盛り込んでいる。それに対して、宇佐宮の場合は、そこまではいっていないということでしょうか。

少し社寺境内図から離れまして、湯浅さんが話された村絵図のなかに、山の神・野の神・地の神が——檀那寺《だんなでら》や鎮守《ちんじゅ》は、そんなにたくさんあるわけではないけれども——いっぱい描かれている。その山の神・野の神・地の神といったものと、村の鎮守といわれる神とに対する信仰の違いといったものは、あるのでしょうか。

日本の神々

湯浅　信仰の違いというのはよくわかりません。ただ、いえることとは、明治初年に、明治政府は租税をとるときの基礎データとして、土地の所有権に関する調査をします。そのときに、そんじょそこらにある小さな祠《ほこら》、あやしげな神はなるべく取っ払えということを申します。さらに、明治三十年代にはいって、村のなかに散在している神々をなるべくまとめろという言い方をしています。その結果、現在に近いような神社の姿がとられるようになった。だから、境内には摂社・末社が数多く存在しているというのが今日の一般的な理解とされています。しかし、さきほど切幡《きりはた》村を事例として申した徳島県のように、江戸時代の姿がそのまま残っているところがあるようです。ということは、各県の県令、県知事が、新政府の意向にそった施策をどの程度、厳密に履行するように命令しているのか、その違いがでてくるのだろうという気がします。

さて、村のなかにある信仰の対象に関して、なにがどの程度に存在したのかということは、これまで文献を頼りにして検討してきました。その結果、たとえば切幡村ですと、村内には神社が五カ所というのが一番詳しい記載になります。でも、村絵図にはそれ以上のものが数多くある、あの地方だけなのかもしれませんが。ほかの資料でみることができないデータを、精緻な村絵図を使えばわかるということになろうかと思います。

そして、村の社会というものが比較的固定された姿をたもっているならば、あとは聞き取り調査などによって、こまかいところがかなりわかるのではないか。たとえば、村のなかの小字単位もしくは何軒かの同族の単位、どの範囲が、どういう神さまをいつおがんでいるのかも明らかになります。これらをきめこまかく集めていって、法令を読むことによって理解している一般的なイメージとは違う事実をあきらかにすることができるかと思っています。そこら辺が、この村のなかにおける信仰のありようというものを、実態としてあきらかにしていく方法なのかなと、考えています。

絵図や文字として記録されることは、実態の一部分だけです。その一部分が抽出される理由や規準をもみていかないと、村絵図や文献史料の記載は実態を見誤ることになりかねません。

濵島　ついでにもう少しお聞きしたいんですが、村絵図で、あれだけ小さな神さままでいっぱい描いているのは、ほかにも例があるのか、あるいは特別な例で、なんらかの目的があってつくられたのでしょうか。

湯浅　その件に関しましては、いわゆる村絵図としては細かいほうだと思います。しかし、特異な例ではなくて、ほかの地方を含めて、ちょくちょくみかけることはあります。

濵島　今度は吉井さんにうかがいます。今のような山の神・野の神・地の神が一つ村のなかにいっぱいある。多様な神といっていいのかどうかはわかりませんが、こうしたものと、さきほどの地主神《じしゅしん》との関係はどういうものでしょうか。

吉井　地主神というのは、大和《やまと》の場合ですけれども、かなり広範囲に一つの信仰圏をもつ神がいるのです。たとえば、法隆寺《ほうりゅうじ》の竜田《たつた》本社は、平群《へぐり》郡全体に信仰圏をもつ平群郡の鎮守社です。ほかの地域でも、だいたい郡単位に有力な神社があります。ただ、全部そういえるわけではありません。地主神というのはその土地のもっとも根本的な神さまです。

神々というのは、いろいろな集団、いろいろな単位をまもる神、人びとのグループ——家族もあるし、一族もあるし、それから、中世では郷《ごう》という共同体の単位があり、郷の神さまとか垣内《かいと》の神さまとか、それぞれが神さまをもっているわけでして、それが、さきほど湯浅さんがいわれたようないろいろな神々が一つの村のなかに存在します。その神の名前がよくでてくるのは、江戸時代に、各村々の状況を記した「村明細帳」、また、その類の取調帳がときどきつくられる。これをみると、各村々のさまざまな神社が書かれている。このような資料をみて現地へいくと、かなり復元することができます。

濵島　そういう村人の生活のなかに密着したというかすぐそばにある神と、地主神とは信仰の範囲

図6　山の神(徳島県市場町切幡)

図7　地の神(徳島県市場町切幡)

が違う、あるいは勢力範囲が違うといいかえればいいのでしょうか。

それで、神社建築史を専門にしておられる黒田さん、小さな神々、地主神、そういった神に対する考えをご披露いただけませんか。

黒田 今の話でいいますと、野神・山の神、それから、家族でまつる神、一族でまつる神、垣内の神、ムラの神、郷の鎮守社――郷の鎮守社というよりは、荘園鎮守社という言い方をしたほうがいいかと思いますが、もっと範囲が大きくなると一国を代表する一宮、さらにレベルが高くなると朝廷《ちょうてい》の選んだ二二社、それから、朝廷直属の伊勢《いせ》神宮、石清水《いわしみず》八幡宮、下鴨《かも》・上賀茂《かも》神社という国家の最高神がありますが、これらすべてを一律に神社といって片づけていいのか、というのが私の疑問です。

明細帳とか、そういうもののなかに寺と神社というふうにでてくる場合の神社は、神社でいいかと思いますが、野神・山の神とでてきたときに、それを神社と同類のものとしてとらえるかどうかは、むずかしい問題です。私は滋賀県で野神・山の神そしてその祭りをいくつかみたことがありますが、非常に原始的なものですね。外部の人間は村の人についていって、祭りの日に、その場所でこういうことをやるということを教えてもらわないと、そこが野神の祭場であるとか、山の神の祭場であることがわからないのです。祠もないし、むやみに近づいてはいけません。

ですから、私の感触としては、絵図にも精粗いろいろのものがありますが、一般的には絵図に描きあげられているものよりももっと多様なものがあって、絵図から得られるものは確実ではあるけれども情報量としては少ないだろうと思います。やはり、絵図に描かれたものはその制作目的によって選ばれたものであろうということです。滋賀県の野神、山の神はその土地の、しかも関係者にしかその所在が知られていないものが多いことから、まず通常の絵図には描かれないでしょう。だから絵図に描かれたものが全部ではないということが一つと、もう一つは質の異なる問題ですが、そういうきわめて原始的な野神とか山の神を寺に対する神社、あるいは日本の神としてとらえていっていいのかという問題があります。

ちょっと問題提起的なことですが……。

濵島　段上さん、国家的な神といったら語弊があるのかないのか、八幡神の研究をされている立場としてのお考えをだしていただけませんか。

段上　今の問題提起というのは、非常に大きいだろうと思いますけれども、じつは日本の神というのは、一言でいってしまえば多様性がある。それで、どういう集団によってまつられるのかという問題が一つあるわけですが、もう一つは、どういう性格をもった神なのか。たとえば、天照大神《あまてらすおおみかみ》のような記紀《きき》神話にでてくる神があれば、夜刀《やと》の神のように角をはやしたヘビを神としてあがめる。そういう点で、一つにまとめてしまうのは、神という概念にあまりにも差がありすぎる。

なかには、人間が神としてまつられる例があるわけで、たとえば八幡神は応神《おうじん》天皇の霊であるということ、応神天皇が実在したと考えれば、そういう人間の霊魂を神としてまつったものであることになってくるわけですね。また、天満社《てんまんしゃ》の菅原道真《すがわらみちざね》のように、御霊《ごりょう》信仰化していって神になるという、人間が神になっていく一つのパターンがある。そういうものも含めて、日本における神の性格という

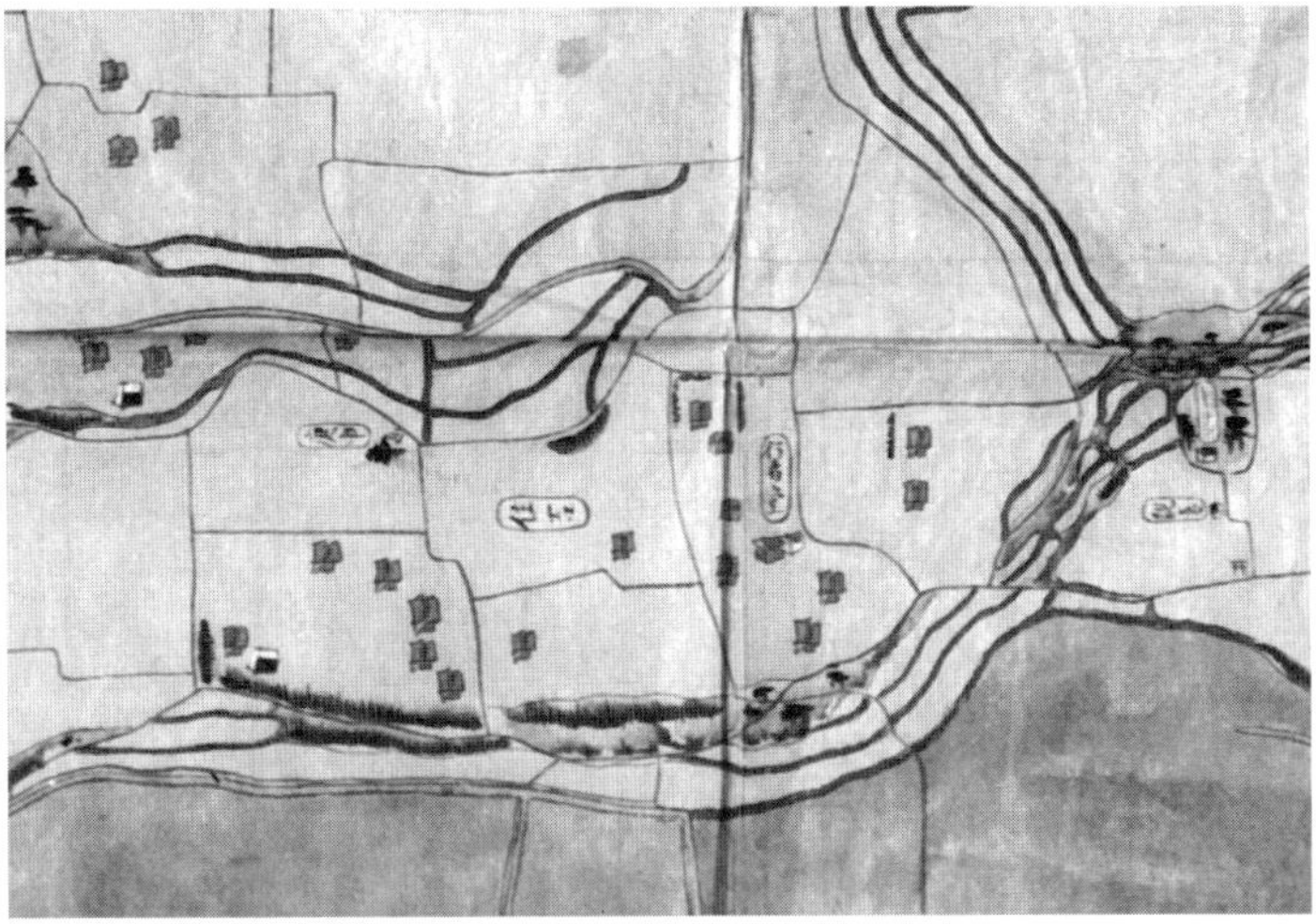

図8　「川田村絵図」にみる行者堂(中央付近)

のはものすごい幅が広い。これを一つで言い切ってしまうことが正しいのかどうか。それは、実際にどのような形でまつられていくのか、あるいはどういう集団、グループによってまつられていくのか、そういうものによって、区別していかなければいけない。

ただ、神という言葉でそれをまとめようということで、日本人は今まで概念化してきていることは確かだろうと思いますが、幅が非常に広いということだと思います。

濱島　ちょっと神にかたよりすぎたところがありますので、もう一方の仏に話を移したいと思います。もう一度湯浅さん、さきほどの村絵図のなかで、檀那寺あるいは霊場的な大きな寺院以外に、もっと民衆に地元に密着した辻堂的なお寺というのはありましたでしょうか。

湯浅　切幡村自体にはないんですが、もう一つの川田村《かわだ》のほうには数多くあります。

濵島　その辻堂に対する信仰あるいは使い方、村人との具体的なつながりというのは、読みとることはできませんか。

湯浅　村絵図のような資料だと無理だと思います。ただ、いえることは寺の場合、いわゆる檀那をもつ寺ともたない寺、大きく分ければ二とおりになります。そのうち、檀那寺ではないところの信仰のありようというものが、信仰のありようを解いていく場合のポイントになるのではないかという気はしています。神々というくくり、諸仏というくくり、それぞれが存在したのではなく、神さま仏さま、というひとくくりがあったのではないかと考えています。

濵島　いろいろな神、あるいは辻堂的な仏に対する信仰はどうであったかというのは、今後、研究を進めていって幅広い信仰のあり方をつきつめていく必要もあるかと思います。そうした信仰に対する幅広い研究をされている、黒田さんいかがですか。

神と仏の習合

黒田　神仏習合という言い方をあまりしたくないといったので、「それならば、中世において信仰する者が神と仏の性格の違いをどのように感じていたか教えてください」という質問がきています。まず、その神仏習合ですが、私も吉井さんがやられたようなタイプ別の分け方、整理を何回かやろうと思ったことがあります。その一方で、日吉社であるとか、北野《きたの》天満宮、八坂《やさか》神社という、神仏習合の問題としては、もっとも複雑な世界にあたっていたものですから、私の研究はそちらのほうにいってしまって、吉井さんのようにきれいに整理することができなくなってしまいました。

そういう極端に神仏習合が進んでいった世界から、逆に神をみる、仏のほうをみるという見方をしますと、普通に仏・寺院と神・神社があって、それが一緒になったり、離れたりしているという考え方では、どうしても理解できない問題が生じてくる。仏のほうは、割に起源とか日本への伝来というものがはっきりしていて、その系譜をたどることができますが、神社のほうは、いつ、どこからはじまってどうなっているのか、という系譜をたどることが全然できないということもみえてきます。

要するに、仏のほうはいいけれども、神のほうをどうとらえるかというところで混乱が生じる現在、神はずっと大昔から連続しているものという見方も一般的ですが、中世の人たちは、神は大昔から続いていると思っていて、その神と今ある仏さまを一緒にしたという考え方は多分していない。神さまと仏さまがわけもなくまじりあい、融《と》けあっている、それをそのまま受け取っていたという感じがするんですね。その感じをわれわれが理解することが、質問の方のおっしゃるような、中世的な神と仏の世界を受け取るということではないかなと思うわけです。

そういう逆の見方、それから、神の連続性に対する問題、いろいろな、いままでわれわれが思い込んでいるものを疑う必要があると思います。

濱島　一番むずかしい問題にはいってきました。吉井さん、お願いできますか。

吉井　いま、黒田さんが、神仏習合に対して、かなり基本的な話をされたのですが、われわれが神

図９　神仏習合社殿の面影を残す厳島神社（広島県宮島町）　客人社のうしろに五重塔と旧大経堂がみえる。

仏習合という意識があるのは、分離があったからで、逆にそれ以前が神仏習合だとわかった。つまり、神仏分離が非常に劇的で激しかったから、それ以前はどういう姿であったかというところで、神仏習合がクローズアップされてきた。明治以前の神仏習合はどんな世界であったのか、現在はそれとまったく違うのか。たとえば神社の祭礼では、社僧とか供僧という、僧侶と神職が一緒にやっている。これが神さまと仏さまが一体になった神仏習合の世界だから。そういう世界は一体なんなのかと、さかのぼって考えていったのが、今の神仏習合という、問題意識の発端ではないかと思っています。

それで、私としては神仏習合という言葉はそのまま使いたいというか、神仏分離がかなり意識のなかにあります。A、Bと分類したのは、神仏分離のあと廃仏という行為が実際に行われたけれども、廃仏はどう広がったのか、どういうところでやられたのかということを考えると、最初のAのタイプの一と二、お寺が非常に強くて神社のほうは地主神、または勧請された神さまがいるという、このタイプのお寺の場合は、分離はあったけれども廃仏はなかったわけですね。一方、神社のほうが非常に有力なところは見事に廃仏された。だから、この二つの類型に分けたわけです。廃仏がおこったところはなぜなのかということを考える、これがこの分類分けの意図であるわけです。

濱島　それでは、黒田さんにもう一言、付け加えていただきましょう。

黒田　吉井さんのいわれるように、神仏分離という現象をさかのぼるために神仏習合という言葉を使った、これはいたしかたないとしても、それは神仏分離に影響された観念を含んでいますから、中世の状況をあらわすのに、はたして適当な言葉だろうかという疑問が一つあります。

それからもう一つは、神仏習合というときに、定義されていない「神」という言葉と、歴史と定義があきらかな「仏」という言葉をくっつけて神仏習合ということは、あいまいさを許すあやまちをおかしているのではないか、という反省を私はもっています。

濱島　段上さんは神仏習合が形のうえで――建築の面でですけれども――はっきりしている、宇佐宮に対して神宮寺《じんぐうじ》、弥勒寺《みろくじ》ができたという、古いほうの例の一つをよくご存知ですので、お願いしたいと思います。

段上　八幡神が歴史に飛びだしてくる一つのきっかけというのは、東大寺大仏殿《とうだいじだいぶつでん》の造立のときですね。このときに、八幡神はいろいろな託宣をくだすのですが、神であるわが身を草木にかえてでも大仏建立をなしとげるようにというような、仏教に対する一つの奉仕者としての姿という形ででてきます。東大寺大仏殿、これは国分寺《こくぶんじ》をつくっていく聖武《しょうむ》天皇の最終的な建造物ですけれども、そのなかで、神と仏というものがまだほとんどくっついていない段階に、神が仏に支援するという話になって

図10　宇佐宮本殿(宇佐市)

図11　東大寺大仏殿(奈良市)

いく。それは、国家側からすれば非常にありがたい話で、そういう神に八幡がなろうとする。その根源になる部分というのは、豊前《ぶぜん》が九州でも非常に早い段階から、白鳳《はくほう》期には寺院がつくられていくという点で、九州では大宰府《だざいふ》近辺を別にしますと、豊前が非常に特徴的な場所になってきます。渡来人の多い場所であったことも一つあります。あるいは、法蓮《ほうれん》というマジカルドクターというか、そういう性格のお坊さんが国家から褒章を受けるというような場所でもあります。そういう点では、新しくつくられていく神のなかに仏教がすんなりはいっていったのではないか。

そのときに、弥勒寺というお寺、神社の上宮よりも大きい、これが天平十（七三八）年につくられます。どっちが主か、どっちが従かというのはむずかしいぐらい規模の大きな寺で、両輪になって動いていくような大規模な神社と寺院が整備されていった。すでに奈良時代にこれほど大きな神と仏の結びつきがあった。建物としては、神社と寺院がほぼ同時期に立ち上がっていくという、その姿が特徴ではないかと思います。

濵島　神社と寺院の関係というのは、非常にわかりにくいところがありますが、一般的な例として、少なくとも近世では、神社と寺院とが習合関係にある場合には、お寺が神社も含めて支配しているか、少なくとも経営権をもつ。そして、神社の神官は、祭事を司るだけという例が多いように思うんですが。

吉井　質問のなかにも、神仏習合の諸形態のなかで寺院中心、力関係では寺院のほうが優勢ではないかという質問がありました。それはそのとおりでして、いくら神社が中心でそのまわりに寺院があるという形式でも、その主導権は、ほとんどみなお寺がもっています。それで、神社のほうはどうしていたのかというと、一応神官はいるんですけれども、神官のほうは民衆化していないというか、数は少ないし、伝統的に社家というところで代々続いていくわけで、そこには神主と禰宜《ねぎ》、大きく分けて二つあるんですが、神主家であろうと禰宜家であろうと伝統的につないでいく。これは段上さんがのべられたように、いろいろな神社の資料というものが各神官の家に伝わっている、そのとおりなんです。

それで、むしろお寺のほうが神社を支配するというか、祭祀権をもつのが普通です。たとえば神社の御神体を動かすのは、普通は神官はできません。お寺のお坊さん、宮僧とか社僧がやります。社僧や宮僧のうちでも、清僧と妻帯僧の二つに分かれます。清僧というのは独身でして、その清僧しか御神体を動かしてはならないというのが割に多いですね。祭礼のときでも、神官と宮僧とは一緒にやるんですけれども、だいたい、宮僧が主導権を握る。これが中世、近世の神社のあり方です。

たとえば、寺や神社が焼失したあと再建するということがあっても、再建のお金を集める、勧進《かんじん》するというのは、全部、神社に仕えている寺のお坊さんが勧進方になってお金を集める、そして神社を再建する。ほとんどそうです。そのお坊さんでもいろいろな階層がいて、勧進聖みたいな人もいるし、学侶という、学問をして俗事的なことをしないというような僧侶もいるわけです。神主のほうは、だいたい、数が少ないということで、勧進をやったりという、ある意味では泥臭いことはいっさいやらない。

図12 「山王社秘密曼荼羅」

濵島 神社が中心で寺院が習合関係にある場合でも、寺院のほうが、一般的には力が強かったという言い方でよろしいのでしょうか。もう一度黒田さんにお聞きしたいのですが、日吉社の場合でも、広い意味での延暦寺《えんりやくじ》との習合関係とみてよろしいわけですね。

黒田 その問題は逆に、日吉社というのは一体どこにはいるのでしょうかと、まず吉井さんにおうかがいしたいと思います。

吉井 当然、A—一です。日吉社というのは地主神ですから、そこへ延暦寺をつくったときに、鎮守社になったということで非常にはっきりしています。高野山《こうやさん》もそうですけれども、A—一にあたります。

黒田 日吉社の祭神というのは、境内一〇八社といわれますけれども、上位は二一社、そのなかの上のほうは山王七社といいます。

そのなかでも、さらに上位の神を山王三聖《さんせい》といいまして、これが大宮、二宮《にのみや》、聖真子《しょうしんし》です。大宮は大和の三輪山《みわやま》の神さま、二宮はその土地、坂本《さかもと》の地主神だといわれています。聖真子というのは宇佐の神さまです。日吉大社の主祭神は大宮です。それを比叡山延暦寺が立地している、その土地の地主神というのかという問題ですが、いかがでしょうか。

吉井　日吉社の詳しいことは知りませんので答えられません。だいたい、こういう大きな神社になってきたら、非常にたくさんの神様をまつる。いろいろなところから移ってきたり、その地域にあったものを統合したりということで複数の神さまがくる。しかし、全体的に比叡の神ということになると、これは一番最初の土着の神であった。そこに延暦寺をつくるということで、これが鎮守社になる。大枠でいえば、そういうことになるのではないかと思います。

黒田　一つひとつ確かめながら、それが地主神であるかどうかということを決めていかないと、大枠でこうなりますという大きな網を張られても、その網にはいるつもりはありませんということを申しているわけです。日吉社が延暦寺の地主神であるというのは、否定しがたいところもあるのですが、日本の神というのは多様なので、こまかく考えていくと、張られたような網の目からいくらでもこぼれていくということがあると思います。

濱島　日吉社のような大きな神社になりますと、延暦寺との関係も、習合関係にあるとはいっても、それが具体的にどういうことであるのか。一つひとつみていけば、黒田さんのような話になるし、全体として一言でいえば、吉井さんのようになるのではないかと思うのですが、このことに関して、段上さんいかがですか。

段上　今、日吉社の神の数、たくさんでてきましたね。宇佐神宮も三柱の神ですけれども、じつは、最初にまつられるのは八幡神と比売《ひめ》神の二柱なんです。弘仁《こうにん》年間（八一〇～八二四）になりまして、神功《じんぐう》皇后という応神天皇の母親がまつられて三社になっていきます。神社というのも、一柱の神をまつるというところは逆に少なくて、いろいろな神さまがまつられているというのが実態だろうと思います。時代的な流れのなかで祭神が加わって、あるいは変化していく。近代になってからも合祀がどんどん行われたりしていって、神々が結びついてしまうということが当り前になっているのが日本の神社かなと思います。

濱島　基本的な論争はそれぐらいにして、神仏習合についてもう少し具体的な話で、進めていきたいと思います。展示では、北野天満宮を一つのコーナーで取りあげています。ここには、おもしろい信仰がありまして、この点を黒田さん、お話いただけますか。

黒田　これも吉井さんの分類にはいらない神仏習合という話です。図録に旧北野天満宮舎利塔《しゃりとう》というのがあります。西国三十三所霊場《さいごくさんじゅうさんしょれいじょう》などの民衆的な信仰を集める霊場では、正面から参拝したあと、後ろ側へまわって参拝したり、お札をくくりつけてきたり、賽銭《さいせん》箱が背面側にもあったりするのをしばしばみます。それの強烈な例がこれなんですね。北野天満宮では正面から参拝したあと、本殿の後ろ側へまわって参拝するという風習がありました。本殿の後ろ側には門がありまして、舎利門とよばれていました。なぜ舎利門とよばれたかというと、天満宮の御祭神の菅原道真と背中合わせに、この

図13　北野天満宮社殿復元模型

舎利塔がおいてあったからです。この舎利塔を本殿の背面からおがむのが、北野天満宮で少なくとも南北朝期以後続いてきた信仰なんです。

そういう信仰があるということと、それから、北野天満宮を取り仕切っていたのは松梅院《しょうばいいん》という社家で、これはお坊さんであり、また、神官なんです。そういう人たちが北野天満宮を管理していて、毎月、舎利講という、この舎利塔に対するお祭り、講をやっておりました。それから、この舎利塔のところにお賽銭が飛び込んできますので、その分配ということもありました。これが神仏分離のときに、京都府北桑田《きたくわだ》郡の常照皇寺《じょうしょうこうじ》に譲渡され、今も保管されています。

そのほか、仏教的施設として北野天満宮の境内には、鐘楼《しょうろう》がありましたが、これは京都市の大雲院に移築されています。それから多宝塔《たほうとう》は、擬《ぎ》宝珠《ぼし》金具が、いまの地主神社の金具になって残っていて、これには豊臣秀頼の名がはいっています。多宝塔の須弥壇《しゅみだん》も残っていますし、扉も残っていますが、本体は廃却されました（展示図録参照）。

それから、輪蔵《りんぞう》もあったんですが、いずれも明治維新の神仏分離、廃仏毀釈《はいぶつきしゃく》のときに社外にだされたり、壊されたりしました。

濵島　いま話がありましたように、近世以前の北野天満宮では、神仏習合の一端を示すおもしろい信仰が一般庶民の間に行われていました。少なくとも江戸時代の庶民にとっては、どれが神だ、どれが仏だとか、あるいはそれが習合だとか何とかというようなこととは別にして、信仰をしていたということは間違いなかろうかと思います。

建築史の立場から申しますと、今回、北野天満宮の復元模型（前頁図13参照）をつくっていますが、その復元結果をみましても、寺院的な建物、多宝塔だとか、経蔵《きょうぞう》だとか、鐘楼だとか、その他なんとか堂といったものが、本殿のまわりに、渾然一体となってたてられているという状態ですね。しかも、正面側からみますと二重の多宝塔が一番めだつところにたっている。本来、神社なのに、仏教の本質を示す塔がたてられているということから考えても、昔の人は、神だ、仏だということをとくに区別していなかった、ましてや、習合がどうのこうのというようなことはいっていなかったのではないか。青山さんが最初に、社寺はランドマーク的な存在であるからといわれましたけれども、まさにそうであって、塔は、さらに象徴的な存在であったともいえるのではないかと思います。

それで、神仏習合の話はそれくらいにしまして、江戸時代の人たちの神あるいは仏、あるいは両方一緒くたにした信仰といったものが、社寺境内図からどう読みとれるかということについて、順番に意見をだしていただければと思います。

神、仏への信仰

湯浅　江戸時代後期に、社寺境内図がどっとでまわることは、いわゆる信仰と遊びとが密接不可分にかかわっていたということかなと思います。じゃ、どう密接不可分なのかということと、どちらのほうの比重が大きいのかということが、おもしろいテーマなんだろうと思います。だいたい、江戸時代の最後の一〇〇年間ぐらいになって、境内を描いた普及用とされる絵が刷り物として大量にでるようになっています。これが、江戸時代後半の特徴なんでしょう。それが、明治以降につながっていくことだろうし、今の言葉でいう観光につながってくるのだろうと思います。

楽しみとして諸処を動きまわるときに、社寺を巡るということがどう意識されたのだろうか。この現象は、日本だけの特徴だとも思われません。たとえばヨーロッパなどのガイドブックでも、観光のオーソドックスな定番は教会巡りです。そこら辺がほかの国々、東アジア文化圏というくくりでは日本と関係の深い中国・朝鮮半島だとどうなるのだろうかなどなどを含めて、少し教えてもらいたいなと思っています。

つまり、なにを目的にまわったのだろうか。ただ、なんとなくまわったのか。それとも意味があってまわったのだろうかという辺りを知りたいなと思います。その場所その場所の神仏への敬意をはっきりと意識してまわったのか、それともそうするものだということだけでまわったのか、をも含めて知りたいと思っています。

大久保　私も江戸時代の絵画をやっているんですが、民衆の行動心理まで考えたことはあまりないので、自分のエリアだけでお話させていただきます。今回の企画展でも何点か展示しました「洛中《らくちゅう》洛外図《らくがいず》」などは、おそらく相当な点数がつくられていると思います。絵画史で「仕込み絵」という言葉がありまして、特定の注文主にこたえて描くのではなくて、不特定の客を想定して、あらかじめつくって店頭においておく絵のことです。そんなものはあまりないのではないかと疑う見方もあるんですが、「洛中洛外図」なども、江戸時代前期から中期にかけては仕込み絵として大量につくられたであろうというふうにも考えられています。

それで、元禄元（一六八八）年の井原西鶴《いはらさいかく》の『日本永代蔵《にほんえいたいぐら》』のなかに、かなり豊かな商家の娘が嫁入りするにあたって、「洛中洛外図」を嫁入り調度としては親があたえないという一節がでてきます。あたえないという一節がわざわざ浮世草子にでてくるということは、嫁入り道具でしばしば「洛中洛外図」が用いられていたということの裏返しだろうと思います。なぜあたえないかというと、それをもって嫁にいくと都の名所を浮かれ歩いて、ろくに家事をしなくなるからということらしいんです。

当館で所蔵しております「洛中洛外図」に便宜上E本と名づけているものがあります（図14）。これは、江戸時代の初期にパターン化した洛中洛外図の大まかな構図は引きついではいるのですが、町屋の描写が非常に少なくなり、二条城《にじょうじょう》などはミニチュアみたいな感じになってしまって、むしろ、

有名な社寺の景観のほうが豊かになってきているんですね。事実、この屛風は京都の名所案内記である『京童』の挿図が流用されていることが岩崎均史さんによって指摘されているほどです。これなどは、まさに『日本永代蔵』に近いころでてくる「洛中洛外図」だと思うのですが、さらに時代がくだりまして、やはり当館蔵の十九世紀の「京都名所図屛風」になりますと、ほとんど社寺だけで構成されることになります。しかもこれらのなかの社寺が、本当に行楽とまでいいきっていいかどうかということはわかりませんが、かなり名所・遊楽に近い感覚でとらえられてきている。同じようなことは、おそらく、江戸にもあてはまるのではないかと思います。

黒田　江戸時代ですと私の専門外なので、

図14　「洛中洛外図屛風」(E本，左隻)

中世でもいいですね。私が、個人的に非常に思い入れが深いのは奈良国立博物館の「山王宮曼荼羅」です。この「山王宮曼荼羅」は小さなものですから、ここに描かれている建物というのは、一センチ四方とか、非常に小さなものです。ガラス越しにみたのでは詳しくはわからないので、博物館へいってつぶさにみせていただきました。そうすると、その描写は、ものすごく細密で正確なんですね。建築的にも、ほとんど文句のないような正確な描写がなされています。それから、この配置を現在の日吉社のなかにおとしこんでみても中世絵画にありがちの現実離れした描写がほとんどない。ものすごくうまく描いてあります。

これは最盛期に近いころの日吉社でして、このの ち、信長が全部焼き払います。そして、桃山時代に建物の数にしたら半分ほどが建て直されます。その後、今度は廃仏毀釈で仏教的な施設がこわされます。それで今ある姿になるわけですが、その二つの災厄を乗り越えて、「山王宮曼荼羅」は非常に忠実に十四世紀または十五世紀の景観を伝えてくれている。これと文献史料をあわせていくと、中世の日吉社が立体的にみえてきますので、私はいつも、この絵をみるたびに日吉社の中世に迷い込んだ感覚になります。

青山　中世や近世の絵図のなかで、寺とか神社がどのように描かれているかを考えてみると、その地域にある寺や神社のすべてを描いているわけではないけれども、描く場合が非常に多い。それはなぜか。一つは、ランドマークということをさきほどいいましたが、その地域の目印になるからだと思います。なぜ目印になるのかといえば、寺や神社の建築が特徴的であるからです。それは、その大きさはもちろん、たとえば鳥居の色ですね、朱塗りであるとか、そういうきわめてめだつ特徴があるのでランドマークになるという、外観の問題があるだろうと思います。

それともう一つは、やはり、そこには信仰の問題が関係していると思います。つまり、絵図を描いた人びと、あるいは絵図をみている人たちが、その絵図はその地域をきちんと描いているのだと認めていたからこそ、その絵図は社会的に機能していたのだと私は考えていますが、そのような絵図にほとんどの場合、寺や神社が描かれているのは、そこの地域の表現として寺や神社が欠かせない景観の要素であったためだろうと考えています。

ここでまた地図的な話に戻せば、報告のなかでベースマップ論について話しました。絵図のなかのベースマップ論というのは、空間的な枠組みがどう構成されているかという問題なんですね。グラフ用紙を思いうかべていただくといいのですが、そこに点を落とす場合に、横軸いくつ、縦軸いくつというようにしてポイントを決めていく。そのとき、どういう座標軸を設定するかということが問題になると思いますが、その場合に、中世や近世の絵図では寺や神社が座標軸を決めていくうえで重要な役割をはたすことがしばしばあるということです。

それは、単にめだつというランドマークとしての機能だけではなくて、寺あるいは神社が、たとえば信仰のような、その地域空間の共同体の人びとにとって大きな意味をもっていたからこそ、その地域空間を認識する場合の基礎となったのではないかと考えています。

吉井　社寺境内図から民衆の神仏に対する信仰、とくに江戸時代、どういうように読み取れるかというか、実態はどうであったのかということですけれども、やはり絵図だけをみても、そのほかのものをみても、江戸時代にはいろいろなことがいえるのではないかと思います。

江戸時代の一つの画期は元禄時代で、物見遊山というのがはっきりでてきた。奈良の場合でしたら、元禄時代（一六八八～一七〇四）が、大坂とか京都からくる参詣の一つの大きなピークです。元禄時代を前後して東大寺の大仏が再建されたということで、非常にたくさんの人がここを訪れて、連日、町のなかがいっぱいになったという記録があります。それは、やはり東大寺とか、興福寺とかをお参りするということですけれども、ちょうどそのころに、初めて奈良案内の刷り版の地図というか、版木で刷ったものが出はじめた。その後は元禄に匹敵するくらいの人はこなくなるけれども、いろいろ

図15　ランドマークとしての社寺(「尾道安永屛風」)

な奈良の案内の刷り物は、連続的にあとまで続いていきます。ピークは元禄で、そこからあと継続的に物見遊山、社寺参詣の人がきます。

それから、南のほうの吉野山《よしのやま》では行者《ぎょうじゃ》というか、大峰《おおみね》参詣が盛んになります。最初は山伏が大峰参詣をやっていて、農村では行者講とかがあって、講衆がいくんですけれども、元禄時代になると、これも大きくかわりまして、大坂の町人のなかに行者講がつくられて、大峰山の参詣客がそれ以前とくらべて俄然多くなる。そのために、吉野山と地元の洞川《どろがわ》とが入山料を取る権利を巡って延々と激しい論争をはじめるんですが、これも、やはり元禄時代なんですね。

それから後、幕末に近くなってくると、お蔭《かげ》参りとか、これは非常にたくさん伊勢へお参りするということがあります。

江戸時代と、明治のころにお寺に参拝にいくのとは違うところがあると思うんです。それはなにかというと、江戸時代は、物見遊山であろうとなんであろうと、社寺参詣には少なくとも信仰というのは絶対あったのですね。これが明治になるといわゆる古器旧物というか、お寺の古いものをみにいく。仏像も物としてみる。江戸時代の場合は、寺に参拝するんですけれども、本尊がみえないわけです、いっぱい飾り物があって。それでもよかった。手をあわせたらそれでいい。ですから、仏像をみるというのは、江戸時代はなかったと思うんですね。ついでに宝物をみるというのはあるんですけれども。これが明治になると突然、性格ががらっとかわるというのが印象です。

奈良の場合でいうと、江戸時代的なものが消えていって、はっきりと奈良観光というものがでてくるのは明治二十年代の後半から三十年ぐらいで、そのときに様相がかわってしまいます。一時、まったくだめだった観光客が、すごい勢いでふえていって、奈良観光というものがでてきます。

段上　絵図をみていて非常に興味をもつ部分は、建物もあるんですけれども、じつは人間なんです。人の描写がどうされているかという部分に非常に興味があります。たとえば、図録の「門前の賑わい」という部分をみていただくと、人が中心となって描かれている。中世でも人間が描かれている部分がありますが、江戸時代になると人間の数が急激にふえてくる。あるいは人間自体の動きも非常に活発化してきます。

中世と近世の絵図の大きな違いというのは、中世の絵図は非常におごそかな感じがする、あるいはどこかおどろおどろしい部分がある。ところが、江戸時代のものには、もうちょっと明るい、生命感みたいなものがでてくるというような感じをもっています。それは、描かれた絵図のなかに、自分の姿というものを投影することができるかどうかという問題だろうと思うんですね。

江戸時代の絵図あるいは境内図をみていくと、その絵のなかにはいっていけるのではないか、自分を投影していくことが容易にできるのではないか。そういう絵の描き方の根本的な違いみたいなものがあるのではないか。庶民に経済力がついてくるなかで、物見遊山が盛んになってくる。そういうなかで寺社絵が描かれていく。絵の本質みたいなものが、少しかわっていくのではないかというふうに考えています。

濱島　六人の方それぞれの立場をいかした、まとめ的なお話をしていただきました。江戸時代の社

図16　「総州成田山絵図」

図17　初詣で賑う法華経寺(千葉県市川市)

寺は行楽の対象でもあり、かつ日常的な、ランドマーク的存在でもあったわけですが、基本的には神・仏に対する信仰心があったということに関しては、皆さん、ほぼ意見が一致しておられたと思います。

ここで絵図ではなく別な話をしますけれども、神社・寺院、江戸時代の建物には彫刻がいっぱいついたものがあります。それなりにいろいろなモチーフをもっていて、たとえば鳳凰《ほうおう》という空想の鳥ですね、これは、和平の世に飛来する鳥だといわれています。それから、鶴とか亀とか松といった長生きをするおめでたい動植物、これは建物の末ながい存続を願うためのものです。民衆の信仰の対象である神社・寺院の建物が、末ながい平和を願う彫刻をつけるということは、お参りする人たちにとっても平和を願う心があったのではないか。神も仏も、それぞれ人の心の平安を得るためにお参りするものであって、それは、すなわち社会の平和につながるんだというのが私の考えです。

そうした近世の神・仏に対する信仰は、一応、明治で切れてしまったけれども、そっくりなくなったわけではありません。今でも、初詣に神社やお寺に大勢でかけますし、子供ができればお宮参りをしますし七五三にもいく、子供の成長を願って。さらには、現世利益を祈願するというのもいまだに続いているわけですね。拝観という形で社寺にいく方も、建物をみるだけではなくて、手をあわせてお参りをするはずです。われわれ日本人の心のなかには、知らず知らずのうちに、長年の神・仏に対する信仰心というものが残っているのではないか。神・仏に対する信仰は、その根源はなんであったかということを考えてみる必要もあるのではないかと思います。われわれの企画展示ならびにフォーラムが、少しでもそういう方向に考えをむけていただく契機になれば大変ありがたい、やるかいがあったと思う次第であります。

本日は、遅くまでご清聴いただきまして、大変ありがとうございました。

p. 143　　三嶋大社・国立歴史民俗博物館
p. 144　　善光寺
p. 146　　個人蔵・富山県[立山博物館]
p. 151上・下　国立歴史民俗博物館
p. 154　　宇佐神宮
p. 156　　備後一宮吉備津神社・国立歴史民俗博物館
p. 159　　国立歴史民俗博物館
p. 167　　個人蔵
p. 175　　延暦寺
p. 178　　国立歴史民俗博物館
p. 182・183　国立歴史民俗博物館
p. 186・187　浄土寺
p. 190上　国立歴史民俗博物館

紙面構成の都合で個々に記載せず，巻末に一括しました。所蔵者不明の図版は，転載書名を掲載しました。万一，記載漏れなどありましたら，お手数でも編集部までお申し出下さい。

●図版所蔵・提供者一覧

カバー表　新海三社神社・国立歴史民俗博物館
カバー裏　東京国立博物館
口絵1　宇佐神宮・大分県立歴史博物館
口絵2　奈良長谷寺
口絵3　恵日寺・磐梯町磐梯山慧日寺資料館
口絵4・5上　国立歴史民俗博物館
口絵4下　北野天満宮・国立歴史民俗博物館
口絵5下　奈良国立博物館
口絵6・7上　花岡八幡宮・国立歴史民俗博物館
口絵6下　個人蔵・国立歴史民俗博物館
口絵8　南宮大社・国立歴史民俗博物館
p.7　根津美術館
p.9　奈良国立博物館
p.10　八坂神社
p.11　国立歴史民俗博物館
p.14　日吉大社
p.16・17　サントリー美術館
p.20　東京国立博物館
p.26　宇佐神宮・宇佐市教育委員会
p.27　宇佐神宮・大分県立歴史博物館
p.31　小山田秋子・大分県立歴史博物館
p.34・35　薦神社・大分県立歴史博物館
p.46　奈良長谷寺
p.48　奈良長谷寺
p.50　薬師寺
p.52　大神神社
p.55　天理大学附属天理図書館
p.57　談山神社
p.58　広瀬神社
p.60　天理市武蔵町区有
p.64　国立歴史民俗博物館
p.65　鈴木七之亟・磐梯町磐梯山慧日寺資料館
p.67　恵日寺・磐梯町磐梯山慧日寺資料館
p.72　恵日寺・磐梯町磐梯山慧日寺資料館
p.73上・下　国立公文書館
p.74上　“The Volcanoes of Japan”
p.78　恵日寺・磐梯町磐梯山慧日寺資料館
p.79　鈴木七之亟・磐梯町磐梯山慧日寺資料館
p.86・87　奈良国立博物館
p.89　写真・朝日新聞社／撮影・桑原英文
p.90　北野天満宮
p.96　写真・朝日新聞社／撮影・桑原英文
p.106　東京国立博物館
p.108　国立国会図書館
p.112・113上　国立歴史民俗博物館
p.113下　東京国立博物館
p.118・119上　国立歴史民俗博物館
p.118・119下　国立国会図書館
p.122・123上　国立歴史民俗博物館
p.122・123下　国立歴史民俗博物館
p.132・133上　東京国立博物館・国立歴史民俗博物館
p.132下　東京国立博物館
p.133下　四国大学附属図書館凌霄文庫・国立歴史民俗博物館
p.135　個人蔵・国立歴史民俗博物館
p.137　個人蔵・国立歴史民俗博物館
p.138　個人蔵・国立歴史民俗博物館
p.142　三嶋大社・国立歴史民俗博物館

●執筆者紹介(執筆順)

濵島 正士　はましま　まさじ　　別府大学文学部教授
1936年生れ。神戸大学工学部建築学科卒業
主要著書:『寺社建築の鑑賞基礎知識』(至文堂, 1992年),『日本仏塔集成』(中央公論美術出版, 2001年)

段上 達雄　だんじょう　たつお　　別府大学文学部教授
1952年生れ。武蔵野美術大学大学院造形研究科修士課程修了
主要著書・論文:『佐渡の石臼』(共著, 未来社, 1986年),「薦枕考—記号として御験薦枕の考察—」(『大分県地方史』144, 145号, 大分県地方史研究会, 1992年)

吉井 敏幸　よしい　としゆき　　天理大学文学部教授
1949年生れ。大阪市立大学大学院文学研究科博士課程単位取得退学
主要論文:「郷社と村落寺社の成立と展開」(『中世村落寺社の研究調査報告書』〈財〉元興寺文化財研究所, 1989年),「大和地方における惣墓の実態と変遷」(『中世社会と墳墓』名著出版, 1993年)

青山 宏夫　あおやま　ひろお　　国立歴史民俗博物館歴史研究部助教授
1956年生れ。京都大学大学院文学研究科博士後期課程中退
主要論文:「雁道考—その日本図における意義を中心に—」(『人文地理』44-5, 1992年),「荒河保と奥山庄の境界について」(『人文地理』46-3, 1994年)

黒田　龍二　くろだ　りゅうじ　　神戸大学工学部建設学科助教授
1955年生れ。神戸大学大学院自然科学研究科修了
主要著書:『中世寺社信仰の場』(思文閣出版, 1999年),『国宝と歴史の旅4　神社建築と祭り』(朝日新聞社, 2000年)

大久保 純一　おおくぼ　じゅんいち　　国立歴史民俗博物館情報資料研究部助教授
1959年生れ。東京大学大学院人文科学研究科修士課程修了
主要著書:『東京国立博物館所蔵　肉筆浮世絵』(東京国立博物館, 1993年),『広重六十余州名所図会』(共著, 岩波書店, 1996年)

湯浅 隆　ゆあさ　たかし　　駒澤大学文学部助教授
1948年生れ。早稲田大学大学院文学研究科史学専攻退学
主要著書・論文:『古文書に親しむ』(共著, 山川出版社, 2002年),「地方史研究と文化財保護」(『地方史・地域史研究の展望』名著出版, 2001年)

歴博《れきはく》フォーラム
神《かみ》と仏《ほとけ》のいる風景《ふうけい》――社寺絵図《しゃじえず》を読《よ》み解《と》く

2003年2月15日　1版1刷　印刷
2003年2月25日　1版1刷　発行

編　集　国立歴史民俗博物館©
発行者　野澤伸平
発行所　株式会社　山川出版社
〒101-0047　東京都千代田区内神田1-13-13
電話　03(3293)8131(営業)
03(3293)8134(編集)
http://www.yamakawa.co.jp/
振替　00120-9-43993
印刷所　明和印刷株式会社
製本所　株式会社手塚製本所
装　幀　菊地信義

2003 Printed in Japan　ISBN4-634-59010-7